मेधा

16 अक्टूबर, 1974 को बिहार के मुज़फ़्फ़रपुर में जन्मीं मेधा विज्ञान में स्नातक हैं। उन्होंने जवाहरलाल नेहरू विश्वविद्यालय से हिन्दी साहित्य में पी-एच.डी. की उपाधि प्राप्त की। भारतीय जनसंचार संस्थान, दिल्ली से हिन्दी पत्रकारिता में पीजी डिप्लोमा किया है।

वे 'दैनिक हिन्दुस्तान' में कॉपी एडिटर और मासिक पत्रिका 'सामयिक वार्ता' की एसोसिएट एडिटर रही हैं। श्री अरबिन्दो सेंटर फ़ॉर आर्ट्स एंड कम्युनिकेशन, नई दिल्ली में हिन्दी पत्रकारिता के पाठ्यक्रम निदेशक की भूमिका भी निभाई है। आउटलुक हिन्दी के लिए 'दूसरा पहलू' नाम से स्तम्भ लिखा है। उन्होंने 'भारतीय बाल-साहित्य कार्यशाला' की शुरुआत की है और प्रतिष्ठित संस्थानों के लिए बाल-साहित्य की समीक्षा करती रही हैं। एनसीईआरटी के लिए लिखे उनके ऑडियो स्क्रिप्ट को राष्ट्रीय पुरस्कार मिल चुका है। 'यूथ लीडरशिप प्रोग्राम' के अन्तर्गत वे युवाओं को प्रशिक्षित करने का भी काम करती रही हैं। 'भक्तिवर्सिटी' की संस्थापक हैं और भारत के सामाजिक आन्दोलन, भक्ति आन्दोलन और सूफ़ीवाद पर कार्य कर रही हैं। लम्बे समय तक जल, जंगल और ज़मीन के तृणमूल आन्दोलनों से जुड़ी रहीं और इस संघर्ष से जुड़ी तृणमूल नायिकाओं के जीवन पर आधारित स्तम्भ 'रहबर' का लेखन किया।

उनकी दो पुस्तकें—'भक्ति आन्दोलन और स्त्री-विमर्श' तथा 'आधुनिकता और आधुनिक काव्य-विमर्श' प्रकाशित हो चुकी हैं।

सम्प्रति : दिल्ली विश्वविद्यालय के सत्यवती कॉलेज (सांध्य) में असिस्टेंट प्रोफ़ेसर हैं।

सम्पर्क : medhaonline@gmail.com

राबिया का ख़त

मेधा

राधाकृष्ण पेपरबैक्स

राधाकृष्ण पेपरबैक्स में
पहला संस्करण : 2022

राधाकृष्ण पेपरबैक्स : उत्कृष्ट साहित्य के जनसुलभ संस्करण

राधाकृष्ण प्रकाशन प्रा. लि.
जी-17, जगतपुरी
दिल्ली-110 051
द्वारा प्रकाशित

शाखाएँ : अशोक राजपथ, साइंस कॉलेज के सामने, पटना-800 006
पहली मंज़िल, दरबारी बिल्डिंग, महात्मा गांधी मार्ग, प्रयागराज-211 001
36 ए, शेक्सपियर सरणी, कोलकाता-700 017
वेबसाइट : www.radhakrishnaprakashan.com
ई-मेल : info@radhakrishnaprakashan.com

बी. के. ऑफसेट
नवीन शाहदरा, दिल्ली-110 032
द्वारा मुद्रित

मूल्य : ₹299

RABIYA KA KHAT
Poems by Medha

ISBN : 978-93-91950-51-4

माँ के लिए

भूमिका

भावों की दुनिया अलग है, चेतना की अलग लेकिन इतनी भी अलग नहीं कि भावों की चेतना से भेंट ही ना हो। भावों का चैतन्य होना, कविता का होना है या यों कह लें कि जब भावनाएँ चैतन्य होकर अपने उत्कर्ष को पहुँचती हैं, तब बोध के ऐसे ही ठहरे हुए क्षण में कोई कविता जन्म लेती है, कोई गीत फूटता है। ऐसे क्षण में चित्त एक ठौर होता है और अंतर्वेदना की कोख से कामनाओं से निर्लिप्त, निष्पाप कोई पत्र लिखा जाता है। हाँ! मेरे लिए कविता स्वयं को चिट्ठी लिखने के समान ही है। ऐसे में जीवन का सारा किया-अनकिया, खोया-पाया और स्वीकार-अस्वीकार अनायास कविता में उतर आता है।

मेरे लिए कविता जीवन को प्रेम करने का एक ढंग है। यह 'स्वान्तः सुखाय' भी हो सकती है, जैसा कि तुलसीदास को लगा या और आगे के 'सुकवियों की रीझ-बूझ' के निमित्त तैयार की गई एक अर्ज़ी के रूप में भी हो सकती है, जैसा कि पुराने ज़माने के किसी और कवि को लगा था। यों कहें कि इन दोनों के बीच कोई राह है और कविता को उसी राह पर चलना होता है। जिन्हें लगता रहा कि कविता भावों के अतिरेक से जन्म लेती है वे ठीक ही समझ रहे थे, लेकिन कविता का बचपन ही नहीं होता। उसकी प्रौढ़ता भी होती है और कविता में प्रौढ़ता आती है, बुद्ध के मध्यमार्ग को समझने की सलाहियत आने के बाद।

अपने बारे में लगता रहा कि कविता मेरे अंतर्मन की भाषा है लेकिन इस भाषा को बोलने-बरतने से स्वयं को दशकों दूर रखा। बरसों पहले कभी रिल्के की लिखी एक पंक्ति पढ़ी और कविता लिखना उस पढ़ने के बाद छूट गया। रिल्के ने एक युवा कवि को चिट्ठी में लिखा था कि जब तक तुम्हें ये न लगे कि लिखे बिना मर नहीं जाओगे, तब तक मत लिखना। दशकों कविता लिखे बिन ज़िन्दगी चलती रही। पीछे मुड़कर देखती हूँ तो लगता है कि उस जीने में जो मरने जैसा

था, वो कविता का न लिखा जाना ही था। दरअसल मेरे लिए कविता अपने अंतरतम में उतरना रहा है। न जाने वक़्त का तक़ाज़ा है या कोई पीर अथवा औलिया का करम कि स्वयं का साक्षात्कार करने का बेलौस साहस पाती हूँ, ख़ुद के भीतर। इस साक्षात्कार से न जाने कितनी सदियों से भीतर कुलबुलाती प्रेम की नदी अचानक बहने लगी और उसकी वेगवती निर्मल धाराएँ जैसे अब कविता की धाराएँ हैं।

अगर कविता में कुछ नया-पुराना होता है तो फिर इस संग्रह में कुछ पुरानी और कुछ नई कविताएँ हैं। जानती हूँ, हिन्दी की स्त्री-कविता ने एक लम्बा सफ़र तय कर लिया है। अपने शिल्प और अंतर्वस्तु में स्त्री-कविता अब विशिष्ट मात्र नहीं बल्कि स्वाधीन है। शिल्प और अंतर्वस्तु की स्वाधीनता के भाव से नहीं बल्कि यह मानकर कि जो मेरी आत्मा का राग है, वह बहुतों-बहुत की आत्मा का राग है और हो सकता है। अपनी आत्मा का संगीत आप सबको सौंप रही हूँ। इसका कोई सुर-स्वर आपकी आत्मा की वीणा को छू सका तो समझूँगी कि काग़ज़ काला करना निरर्थक नहीं गया...।

इन कविताओं को प्रकाशित करवाने से मैं हमेशा कतराती रही, एक तरह का संकोच रहा। लेकिन अनामिका दीदी ने विश्वास दिया और कहा कि ये कविताएँ तुम्हारी अनुभूतियों का प्रसाद है और प्रसाद तो बाँटने के लिए होता है। उनके इस स्नेह-कथन के कारण ही ये कविताएँ आप तक पहुँच रही हैं।

मित्र नरेश और नंदिता का आभार कि इन्होंने इन कविताओं को पढ़ा और अपना बहुमूल्य भाव और समय दिया।

और अन्त में अशोक महेश्वरी जी और राजभाषा विभाग, बिहार सरकार का आभार।

—मेधा

क्रम

राबिया का ख़त

चाँद की मटकी

चाँद की मटकी
माथे पर रख
एक रोज़
निकल पड़ूँगी मैं
आसमान की अनंत
यात्रा पर।
और उस घड़ी
तुम्हारे रोकने से
भी रुक न सकूँगी
कि मेरे भीतर
मैं ही नहीं
उर्मिला, यशोधरा और रत्ना
भी रहती हैं।
और इन सब की
अधूरी यात्राएँ
पूरी होने को
मचल रही हैं
मेरे भीतर।
यह भी
जानती हूँ मैं कि
तुम्हारे भीतर
न तो सीता जितना
समर्पण है
न ही प्रेम।
सावित्री सा साहस
भी कहाँ है तुममें

कि तुम साथ हो
लो, अनंत की मेरी
इस यात्रा में।
और सच तो यह है कि
अकेले ही निकलना चाहो
तो, वह भी कहाँ है
तुम्हारे वश में
कि
अब तक तुमने
बनाई नहीं
वह सीढ़ी
जिसे चढ़कर
आसमां तक पहुँचते हैं।

क्षण

धूप की सुनहरी नदी ने
ले लिया है
अपनी आगोश में
सब कुछ ही।
आहर-बाहर की
ठिठुरन को
धूप की नदी ने
समा लिया है
अपनी तलहटी में।
बरगद के पेड़ पर
इत्मीनान की गोद में
बैठी,
एक गिलहरी
गा रही है, वही गीत,
जिसे गाया था, उसने
राम के साथ
लंका पर
पुल बनाते हुए।
राम का विरहा-मन
उस गीत में
अब भी
पुकार रहा है,
अपनी प्रिया को।
पार्क की दीवार पर
बन रही है छाया
बचपन से यौवन में

प्रवेश करते पेड़ की
मानो पुराना मन
रच रहा हो
नया छन्द।
पास की सड़क से
गुज़र रही हैं,
गाड़ियाँ।
गाड़ियों के हाहाकार के बीच
भीतर...
उतर रही है
गहरी ख़ामोशी।
ख़ामोशी की धुन में
बज रहा है,
तुम्हारा ही वह प्रेम,
चलो जी लेते हैं
अभी इस क्षण को।

कितनी छोटी है कविता

तेज़ बारिश में नहाकर
बिलकुल धुल-पुँछ कर
साफ़-सुथरा हो
नया-नवेला सा खड़ा है
जामुन का यह विशाल वृक्ष।
उसकी जड़ों के समीप
ठीक उसके नीचे
उसकी छाँह तले
थोड़ी सी ऊँची ज़मीन पर
जो कि घिरा है, चारों ओर
बरसाती पानी से—
स्थापित है एक मिट्टी का चूल्हा
चूल्हा बचा न सका
ख़ुद को बारिश से
हालाँकि वह भी
चिन्तित तो था कि
जो आएँगे लौट
जीतोड़ मेहनत के बाद
शाम को।
कैसे भरेगा वह पेट उनका।
अपनी विवशता से विवश था चूल्हा।
लेकिन
एक नवयुवती कोशिश में है
चूल्हा जलाने की,
वह जला रही है आग
दे रही है चूल्हे को

अपनी सारी ऊष्मा
फिर भी बाहर से
भीतर से
गीले चूल्हे में
सुलग नहीं रही आँच।
सुलगने की कोशिश में
वह दे पा रहा है महज़
बहुत सारा धुआँ।
धुएँ से कड़वाई उसकी आँखें
कहाँ मान रही हैं हार।
वह अपने अस्तित्व की
पूरी ताक़त से कर रही है हवा
कि किसी भी मानिंद जल जाए
आज यह चूल्हा।
कि मानो आज जो यह चूल्हा न जला
तो कल से सुबह-सबेरे
आसमान के पूरबी खिड़की से नहीं
निकलेगा सूरज।
बालकनी में खड़ी मैं
देख रही यह सारा दृश्य
और सोच रही
कि लिखूँ
इस पर एक कविता।
मेरी चिन्ता है
एक अच्छी कविता लिखे जाने की।
और उसकी चिन्ता है
चूल्हा जलाने की
रोटी सेंकने की
पूरे घर को तृप्त करने की।
कितनी कोमल है
उसकी चिन्ता।
मैं लिख रही हूँ कविता
वह सेंक रही है रोटी।
धुएँ में सनी उसकी आँखों के सामने

बौनी पड़ जाती है
मेरी कविता
धुएँ और आग से जूझती
उसकी ज़िन्दगी के सामने
कितनी छोटी है मेरी कविता।

अनंत की यात्रा

तुम्हारी आवाज़ की
बाँह थामे
अनंत की यात्रा
पर निकल पड़ने की
तमन्ना
अपने औदात्य के
चरम पर पहुँची कोई
कालजयी क़विता है
या कि
सुदूर पर्वत की नीरवता में
मुखरित
मधुपगा कोई प्रेमगीत?
या फिर
कटकटाती कड़ाके की
ठंड में
ठिठुरता कोई आत्मालाप?
या कि
अपने तामीर होने की
हर उम्मीद से बेख़बर
कोई ख़्वाब?
चाहे इनमें से कुछ भी हो,
अब तो निकल पड़े
हैं यात्रा पर।

प्रतिरोध

मेरे प्रतिरोध के
गर्भ से
जनम रहा है
करुणा और क्षमा का
जुड़वा।
प्रसव की पीड़ा में
मुझसे छूटती जा रही है
मेरी देह
और देह के दरकने से
दरक रहा है
उसमें बसा दम्भ।
मन में पल्लवित हो
रहा है—
धरती का हरापन
और मेरी आत्मा के राग
को गुनगुना रहा है
सकल ब्रह्मांड।
ऐसे में भी
हे पुरुष!
तुम रह जाओ
उलझ कर
मेरी देह के
भूगोल में।
अपनी कामनाओं के
कीच को
मेरे ही मन का

पाप बताओ।
तो तुम्हीं कहो—
मैं क्या करूँ तुम्हारा?
अपनी उदारता के
समन्दर से
ला दूँ
क्षमा का कोई सीप-मोती?
या आँखों से छलकती
नीरवता से दमकती
अपनी करुणा का
कोई बूँद
सौंप दूँ तुम्हें इस उम्मीद में
कि तुम कर सकोगे इस बीज-बूँद से
करुणा की खेती।
और एक दिन
लहलहाएगी
तुम्हारे अंतर में
करुणा की फ़सल।
और कुछ हो न हो,
यह लहलहाती फ़सल
तुम्हारी चेतना को
ले जाएगी
देह के भूगोल से पार।

स्त्री

पुरुष के पास
अहंकार का तम
था।
वर्चस्व की ताक़त।
उसने प्रेम के
नाम पर
वही दिया, जो उसके पास था।
स्त्री के पास
करुणा का उजास था
और क्षमा का आकाश।
स्त्री ने भी वही
दिया जो
उसके पास था।
और वह आगे
बढ़ गई
अपने उजास
और आकाश के साथ।

आत्मा का गीत

मन के तसले में
रखी जा चुकी है
कच्ची सामग्री
पर कहाँ मिल पा रही
एकान्त की वह आँच
जिससे मन के
तसले की कच्ची सामग्री
खदबदाती और
पक जाती।
कहने को
घर उसका भी था
पर कहाँ था,
वह कोना
जहाँ पकाती वह
अपनी कविता
जी लेती क्षण भर
और गा उठती
आत्मा का गीत।

अन्दर वह गाँव

दोस्त कहते हैं कि
गाँव के लिए
मत पालो मन में
कोई भी रूमान।
कि उसकी मिट्टी में ही है
विषमता के सभी
वटवृक्षों की जड़ें।
मैं भी नहीं हूँ अनजान
गाँव की निर्मम सच्चाई से
लेकिन
मैंने
'ठाकुर का कुआँ'
'पूस की रात' और
'कफ़न' वाले गाँव के
बरक्स
सँजो कर रखा है
अन्दर एक गाँव
जहाँ अब भी
मेरा बचपन
गर्मी की नरम दोपहरी में
खेल रहा है,
लीची की गाछी में।
दादा के लगाए
गुलमोहर की टहनियों पर
गिलहरी सा आज भी
फुदक रहा है

मेरा बचपन।
सामो-चकवा में है
मगन
अब भी मेरा बचपन।
धरती के उस
छोटे से टुकड़े पर
अब भी
धनरोपनी कर रहा है, बचपन
जिसे मेरी किसान-माँ
हर मौसम सौंप दिया करती थी
मुझे खेत-खेत खेलने के लिए।
बालू की भीत जैसी
प्रीत वाली इस महानगरी में
मिठास को तरसता
मेरा मन
आज भी
रोज़ सुबह-सबेरे
पिता की बाँह थामे
निकल पड़ता है,
टुन्ना साह की
चाय की दुकान पर
गुलगुले की मिठास ख़रीदने।
मेरा यह गाँव
मेरी साँस है
उजास है
इसके रूमान से ही
शेष है,
जीवन में रोमांच।

वह मेरा गाँव

गुलमोहर की वह लाली
पीपल की वह छाँव
बूढ़ी गंडक में
तैरती
वह छोटी सी नाव।
वह सरसों का बसंत
वह अलसायी अलसी की गन्ध।
चूल्हे पर पकती वह
मीठी सुगन्ध।
लीची की गाछी में
वह दिन भर भटकना।
वह रातों को जुगनू से
पेड़ों का चमक उठना।
लालटेन की लौ में
पढ़ना-पढ़ाना
पिताजी का गाँव में
ज्ञान का अलख जगाना।
बाँध के पीछे वह
सूरज का छिपना।
नदी में नहाकर
सुबह
आकाश पर उगना
पछिया-पूरबा
हवाओं का बहना।
घटाओं के संग-संग
उछलना-मचलना।

धनरोपनी की
जीतोड़ मेहनत
धनकटनी का
मस्त वह उत्सव।
टुन्ना साह के
गुलगुले की मिठास
टिकुली में सिमटी
दुल्हन की आस—
पेठिया में जाकर
ख़ुशियाँ ख़रीदना।
औरतों को सहज ही
देह से पार चले जाना।
विचरना।
वह मेरा गाँव
मेरे भीतर
जगमगाता है।

परवीन शाकिर की मौत पर

नियति यह तुमने
क्या किया
उसने तुम्हारे
हर फ़ैसले को
दी थी चुनौती
तुम्हारे दिए आँसू
की हर बूँद से
उसने उजास का मोती
रच डाला।
तुम्हारी दी हुई
हर हार को
उसने अपने अदम्य साहस से
जीत में
बदल दिया।
उसने समझ कर
तुम्हारे हर खेल को
तुम्हारे ही तरीक़ों से
उसे अपने हक़ में करती रही।
जब तुम हारने लगी
एक अकेली औरत के
साहस से
तो खेल ही डाला
मौत का यह
आख़िरी दाँव।

तुम

तुम
कविता की वह
किताब हो
जिसे पढ़ते हुए
मैं ख़ुद कविता
हो जाती हूँ।

तुम
सावन की वह
रिमझिम फुहार हो
जिसमें भीगती हूँ
हर मौसम
पर कभी
नहीं बुझती प्यास।

तुम
डायरी का वह
पृष्ठ हो,
जिस पर
मैंने लिखी है,
जीवन की सुन्दरतम
कविता।

तुम
छत पर बैठी

चिड़िया हो
जिसे हौले से
अपनी हथेलियों
में भरकर
जीवन की कोमलता
को जीना
चाहती हूँ,
लेकिन वह
हो जाती है फुर्र।

तुम
बारिश के बाद
आसमान में खिला
पनसोखा (इन्द्रधनुष) हो
जिसके सतरंगी कूँची से
मैं रँगना चाहती हूँ
अपने स्वप्न का संसार।

तुम
तुम हो एक
नन्हा सा कंकड़
जो तरंगित
कर देता है
मेरी अंतस-नदी को
बार-बार।

तुम
अपनी जड़ों में धँसा
आकाश में बसा
एक वृक्ष हो
जिसने दिए हैं, मुझे
छाँव के कोमल सपने।

तुम
रेत में खिला
गुलाब हो
जिसने चखाया है मुझे
स्वाद जीवन-सुगन्ध का।

समय बैंक

चलो माना कि
तुम्हें अभी नहीं
फ़ुरसत जीने की।
साँस भर लेने की
मोहलत तो है नहीं
तुम्हारे पास।
तो भला मेरे प्यार में
आहें कहाँ से भरोगे!
कविता और गीत तो
संगीन अपराध है
अभी तुम्हारे लिए।
आँखों की भाषा
और मन की इबारत
तुम्हारे ख़्वाबों की
इमारत के आगे
कुछ भी तो नहीं।
लेकिन एक रोज़
ऐसा भी आएगा
जब ज़िन्दगी के
सारे भरम जाएँगे टूट।
और ख़ुद तुम
भी जाओगे स्वयं से रूठ।
उस रोज़ मेरी
ये कविताएँ
तुम्हें मनाने आएँगी।
मेरी कविताएँ,

कविताएँ भर नहीं
यह समय-बैंक हैं,
जो फिर से तुम्हें
बीते सुनहरे पल
सौंप जाएँगी।

अलसी के फूल

वसंत के आगमन की
ख़बर
हवा में तैर रही है।
आज नहीं तो कल
वसंत आएगा ही,
आख़िर जाएगा कहाँ!
सूरज की स्नेहिल
चादर की गरमाई
से पार्क की
ठिठुरन गई है, ठिठक
और
अपना मुँह
छुपाने के लिए
इधर-उधर
भाग रही है।
पास ही एक थाली में
(क्योंकि शहर को नसीब नहीं सूप और डगरा)
सूख रही है अलसी—
जिसे मेरा बचपन
तीसी के नाम से जानता था।
वैसे तो अलसी के सूखने से
मेरे गाँव का
या कि मेरे बचपन का
कोई ख़ास रिश्ता नहीं।
फिर भी मन में खिल
रहे हैं

अलसी के नीले-नीले
नन्हे-नन्हे फूल
जैसे कि नवजात
मिचमिचा रहा हो
स्वप्न-भरी अपनी
आँखें
इस पल ज़िन्दगी
लट्टू हो
पृथ्वी की धुन पर
नाच रही है,
जैसे कि
मेरे इशारे पर
बचपन की
धुन पर नाचते थे,
अलसी के हृष्ट-पुष्ट
लघु फल।

मैं तो हूँ

मैं तो हूँ
सृष्टि की
पहली सुबह से
यहीं।
कभी कुटिया
बुहारती
कभी
डलिया में
चख-चख कर
एक-एक बेर
सँभाल कर रखती।
इकतारे पर तुम्हें
रिझाने के लिए
गीत गाती—'मेरे तो—'
यमुना के तीर
क़दम की छाँव में
बाँसुरी की धुन सुनती।
बसरा के तपते मरु में
तुम्हारी रसधार से
सराबोर होती।
मुझे कोई जल्दी नहीं,
जब भी मिले वक़्त
आ जाना।
मेरे लिए तो
विरह का स्वाद
ही अब मिलन का
अमृत बन चुका है।

विरह

तुम्हारे विरह
की आग में
जो कुछ कलुष है मुझमें
सब जल कर ख़ाक
हो जाए
और मैं
इस आग में
तप कर कुन्दन
बन जाऊँ।
और यदि मुझमें
सब कुछ ही है
थोथा,
कुछ भी नहीं सार।
तो तेरे विरह की
आग में ही
जल कर राख हो जाऊँ।

माँ-1

माँ तुम
विशाल पर्वत
मुसीबतों के तूफ़ानों को
अपनी एक फूँक से उड़ा देती हो।
तुम बहती हो मेरी रगों में
कल-कल नदी बन
इतराती-इठलाती जीवन-रस से भरपूर।
तुम मेरे भीतर आकाश बन
हर क्षण उतर रही हो,
तुम्हारी अनंतता से रचती हूँ, मैं
अपनी दुनिया—जो बन जाती है
एक नहीं, कई सृष्टियों का अपना घर।
माँ!
प्रेम का अथाह समन्दर बन उतर रही हो
हर क्षण तुम मेरे हृदय में—
सारी दुनिया पर लुटा रही हूँ यह अपार
प्रेम रस धार!
तब भी बूँद भर घटता नहीं।
माँ!
तुम्हारी कोख से जनम रही हूँ मैं
हर पल, ताकि
बचा रहे मेरा बचपना—
मेरा भोलापन, मेरी मासूमियत।
माँ!
तुम्हारे स्नेह के ताप से
पिघल जाता है मोम सा,

गहन पीड़ा का यह हठी पहाड़।
और मैं उस मोम से रचती हूँ,
रोशनी का एक क़ाफ़िला।
अँधेरे में ठिठुरती दुनिया
के होंठों पर रोशन होती है हँसी।
और मैं एक टुकड़ा हँसी और
एक क़तरा नूर का रख आती हूँ
हर देहरी पर...

माँ-2

तुम ही तो रच रही हो ,
प्रतिपल वो संसार जिसमें
कुरूपता का हर अनुभव
सहज ही रूपांतरित हो रहा है—
'सत्यम् शिवम् सुन्दरम्' में।

माँ की चिट्ठी

ये फूल नहीं,
एक बेटी को
माँ की भेजी
चिट्ठी है कि—
"उदासियों के
घने-अँधेरे कोहरे के पार
एक देश है
जहाँ खिलते हैं
लोग ऐसे ही
जैसे खिले हैं, ये कोमल
रंगीन, नम फूल
और मेरी बेटी—तुम उसी देश
की राजकुमारी हो,
जो ग़लती से आ गई है
इस अजनबी, पराए,
निर्मम-निष्ठुर देश में,
कि बस ज़रा देर की
बात है,
थोड़ा सब्र और
कि तुम्हें जल्दी ही
चले जाना है
अपने देश,
लेकिन उससे पहले
इस धरती में
बोने हैं तुम्हें
करुणा और क्षमा के बीज।

खिलाने हैं
प्यार के रक्ताभ पलाश
उम्मीद की पीली सरसों
और अपने सपनों का
गुलमोहर।
निराशा के इस शहर में
तुम अपनी निश्चल निर्द्वंद्व हँसी
के गुलाल बिखेरो।
जितने भी, जिससे भी
मिले जो दुख-सुख
उसकी रोज़ तुम
होली खेलो!"

सन्दूक़

मेरी दो आँखें
आँखें नहीं
मनुष्यता का वह
सन्दूक़ है
जिसमें
कृतज्ञता
और
करुणा
के अनगिन बीज हैं, रखे
मैं क़तई
बुरा नहीं मानूँगी कि
तुम इधर झाँक कर
दो-चार बीज ले जाओ।
आख़िर इन बीजों से
करनी है, संसार में
करुणा और कृतज्ञता की खेती।

सब चला चली का खेला...

न तो मेरे जाने का
वक़्त है तय
और ना ही
तुम्हारे गमन की
कोई तिथि ही
नियत है।
इससे पहले कि
हम में से कोई
भी कर जाए
कूच
मैं कह देना चाहती हूँ
तुमसे कि—
मुझे तुमसे बेहद
बेपनाह, बेशर्त
मोहब्बत है।
कि कभी किसी क्षण
जो किसी मानिंद
दुखाया हो,
दिल तुम्हारा
तो कर देना क्षमा।
क्षमा ही
तो हमारी आत्मा का
मंगल-गीत है।
जीवन की रीत
प्रीत है, सो
मैंने भरसक की

कोशिश कि तुम्हारी
किसी बात से
मन न हो
मेरा मलिन
लेकिन तुम
भी तो जानते ही हो
कि मैं ख़ुदा नहीं
ख़ुदा की बन्दी हूँ—
सो होता रहा है,
मेरा भी मन
यदा कदा क्लान्त
सो मैंने उसे पश्चात्ताप
के निर्मल जल
से धोया हमेशा।
मीत रे!
मनमीत मेरे!
नियति ने
धरती के
महाग्रंथ के समान
पृष्ठ पर जो
टाँक दिया है
हमारा जीवन-शब्द
तो यह अनायास ही
नहीं है, कि
हम साथ-साथ साक्षी हैं
धरती के रास-रंग-उमंग के।
शोक-दुख और दर्द के,
और अनुभूति के साझेपन के
रिश्ते से भी बड़ा कोई रिश्ता
होता है, क्या मेरे साथी...
सो इस दुनिया को अलविदा
कहने से पहले
कह देना चाहती हूँ कि
मेरा रोम-रोम

प्रेम की अविरल-धार है
और उसकी हर बूँद
तुम्हारा प्यार है...

अजंता की गुफा-1

अजंता की गुफाओ सुनो!
तुम सदियों से इतनी उदास
विगत की स्मृतियों के जाल में उलझी
गुमसुम-सी कब तक रहोगी?
अपने यहाँ आनेवालों को
अपना दुख कब कहोगी?
तुम्हारी दीवारों में न जाने कितने
तथागतों का मौन सुलग रहा है!
तुम्हीं कहना!
तुम्हारे पहलू में आकर
सत्य का अन्वेषण करने वाले
भिक्षुओं की रगों में क्या
प्रेम का ताप नहीं बहता था!
क्या कभी तुम्हारा मन
नहीं करता कि
ज्ञान की गूँज से दम भर को
फ़ुर्सत मिल जाए
और
कोई तुम्हारे पहलू में बैठकर
बाँसुरी की मीठी धुन
बजाए
कोई राग विहाग गाए!
सच कहना अजंता की गुफाओ!
क्या कभी तुम्हारे भीतर ये कामना
नहीं जगी कि
राधा और कृष्ण किसी रोज़

तुम्हारे यहाँ आकर रास रचाएँ!
ख़ैर छोड़ो!
न जाने क्यों तुम्हारी दुखती रगों पर
हाथ रख रही हूँ और
प्रत्येक तथागत की यशोधरा का दुख
सह रही हूँ।

अजंता की गुफा-2

हज़ारों साल के समय का दरिया पार कर
तुम आज भी खड़ी हो।
आवागमन से मुक्त तुम आज भी
कह रही हो मनुष्य के ईश्वर होने की कथा।
कथा जिसमें जितना हिस्सा मनुष्य का है, उतना ही ईश्वर का और
इन दोनों से
कहीं ज़्यादा तुम्हारा।
ख़ैर!

गली-चौराहे, हाट-बाज़ार—सब जगह देख लिया
ईश्वर तो अब तक मिला नहीं।
मनुष्य होने की कथा में इतना दर्द है कि
अब सहा जाता नहीं...
मनुष्य के मन सी मोटी तुम्हारी दीवारें
कहती हैं, मुझसे कि "आओ मेरे समीप
मैं कराऊँगी सत्य से तुम्हारी मुलाक़ात।"
लेकिन मुझे बुद्ध नहीं होना।
मैं तो तुम्हारे छोटे-छोटे
ध्यान कक्षों में
रचाना चाहती हूँ
रास अपने राँझा के साथ।
सुनो! ऐ अजंता की सारी गुफाओ!
तुम्हारे प्रत्येक तथागत के
राँझा हो जाने की
कामना करती हूँ मैं।

सन्नाटे पर एक कविता

रात की सर्द ख़ामोशी में
आसमान क्या कर रहा होगा?
तारों से बातें कर रहा होगा या
चाँद को अपलक निहार
रहा होगा?
हो न हो,
वह अँधेरे में उदास लगती
पृथ्वी को देख कर
तारों से मनुहार कर
रहा होगा कि
ज़रा नीचे जाकर
जगमग कर दे
पृथ्वी की रात।
चुप तो नहीं
बैठा होगा वह,
कुछ न कुछ तो
कर ही रहा होगा
आसमान।
किसे पता है कि
वह लिख नहीं
रहा होगा
रात के
सन्नाटे पर एक कविता।
गहरी नींद में सोए
हम

आसमान के जागरण
के शुक्रगुज़ार हैं
कि जब वह सोएगा तो
हमारे जागने की बारी होगी।

विकट समय

जब चाँदनी सहमने लगे
तारों ने अपनी टिमटिमाहट
जाकर समन्दर में
डुबा दी हो।
जब बादल रेतीले हो जाएँ
आसमान का पनघट रीत जाए।
जब हाथ को हाथ सूझता न हो
अँधेरा इतना सघन हो जाए
मनुष्यता के सबसे विकट समय में।
सबसे ज़्यादा ज़रूरी है
मोहब्बत के गीत गाया जाना
प्रत्येक हृदय में विश्वास का बीज
रोप आना।

सूरज के सिन्दूरी डिब्बे में

सूरज के सिन्दूरी डिब्बे में
भर-भर कर भेजा है प्यार
तुम्हें मिला तो होगा ही!
रेशमी हवा में
मेरे दिल की धड़कन को तुमने
सुना तो होगा ही!
चढ़ते दिन की तेज़ धूप में
मेरे रूप की चकाचौंध को तुमने
सहा तो होगा ही!
तेरी हर उदासी पर बादल बन कर मैं
बरस-बरस जाती हूँ
तुम भीगी बरसात में
मुझसे मिले तो होगे ही!
अपने मन की निर्मलता को
मैंने नदी के हाथों तुम्हें भेजा है
मेरी निर्मलता के साक्षी
तुम बने तो होगे ही!
चाँद जो मेरा जुड़वा है
उसकी मधुर छाया में
मेरी झलक पाई तो होगी ही!
तुमसे मिले प्यार को मैं
दुनिया पर लुटा रही हूँ
हर चेहरे पर मेरा यह प्यार
तुमने पढ़ा तो होगा ही!

पहाड़ी शहर की सुबह

इस पहाड़ी शहर की सुबह ने
भर दिया है मुझे
बाहर से भीतर तक
तुम्हारे प्यार से लबालब
छलक रही हूँ इस क़दर कि
धरती ने उधार माँग लिया है,
मेरी मिट्‌टी से मेरा सोंधापन।
दसों दिशाओं से भाँति-भाँति के
अनोखे रंगों से सजे-सँवरे
ये खग गा रहे हैं सुहाग के गीत।
स्वप्न और सच से जगमग ये बर्फ़ीली चोटियाँ
सूरज की शोख नज़रों के पड़ते ही लजा कर
हो रही हैं लाल ऐसे
जैसे तुम्हारी नज़रों ने
छू लिया हो मुझे।
पास बह रही पहाड़ी नदी की
मानिंद तुम बह रहे हो मुझमें—
मेरी धड़कन और नदी का गीत
मिलकर रच रहे हैं—आत्मा का संगीत।
सारी सृष्टि रच रही है,
मिलन का संयोग, लेकिन—
हमारा मिलन भी कितना अनूठा है!
एक इन्तज़ार को
दूसरे इन्तज़ार से मिलना है।

सृष्टि की धुन

सृष्टि की धुन से बँधे मैं और तुम
सुन रहे हैं, हर क्षण एक दूसरे का मौन-संगीत।
फिर कहीं दूर कोई कोयल गुनगुनाई
तो वह गीत भी मेरे हृदय से ही उठा था,
जिसे तुमने आकाश बन सुना
और मैंने तो तुम्हारे दिल की पुकार
सुनी है तुम्हारे कुछ कहने से पहले ही।
यह प्यार कितना अनोखा है कि
इसके बीच नहीं आने दिया
तुमने कभी शब्दों को
और कहाँ है शब्दों में भी
इतनी सामर्थ्य कि
वे भर सके अपने भीतर
हमारे प्रेम की आभा
कि हमारे रिश्ते में
अपना कोई स्वप्न नहीं।
हम आदि-प्रेमी-युगल हैं
और यह सृष्टि है
हमारे ही प्रेम का प्रतिफल।

प्रतीक्षा

जब तक चमक
रहा है,
आसमान में सूरज
जब तक
बची रहेगी
धरती पर
हरियाली
जब तक
सुने-सुनाए
जाते रहेंगे
वारिस शाह
के क़िस्से
तब तक
मैं
छोड़ नहीं
सकती
उम्मीद मिलन की।
प्रतीक्षा तो है
नियति मेरी
इसे जिया है
मैंने कभी
बनकर शबरी
तो कभी
अहिल्या बनकर।

न जाने कब

न जाने कब
बादलों के संसार ने
पत्ते-पत्ते, बूटे-बूटे को
कर दिया है
धो-पोंछ कर बिलकुल हरा।
न जाने कब से पड़ी
गर्द की मोटी परत ने
पेड़-पौधे की
असली रंगत का
कर लिया था अपहरण
और प्रकृति की
हरीतिमा बन गई थी
कालिमा।
सूरज की तपिश ने
छीन ली थी उनकी
शीतलता।
उनकी छाँव में भी
होने लगा था
सूरज का दख़ल।
हर लिया है
उस ताप को
रिमझिम फुहारों ने।
अब प्रकृति अपने
शबाब पर है
ठंडक और हरियाली
से लबरेज।

मेरी छोटी सी बगिया में
मैंने डाले थे, जो बीज
गए मौसम
उनके अँकुराने की उम्र
बीत चली थी
और मेरी उम्मीद भी
रीत चली थी।
लेकिन, यह क्या
मेरी बगिया का
मौसम बदल गया
है
मरे हुए बीज भी
लगे हैं पनपने।
कोमल हरियाली ने
मन को नई आस
बँधाई है...

मेरे मिट्टी के राही

मेरे मिट्टी के राही
बारिश के इस मौसम में
लानी ही है
जो कुछ सौगात
तो
ले आओ सूरज के ताप पर
रिमझिम फुहारों की थाप।
बादल के इशारों से
मदमाती मिट्टी की गन्ध।
कीचड़ में सने
धनरोपनी के गीत।
कुछ कजरी की तान
कुछ बिछड़े अरमान।
बारिश के पानी में
काग़ज़ की नाव।
सिलवट पर पिसी
मेहँदी सा गाँव।
सोमवारी के बेलपत्र
और कनेर के फूल।
पड़ोसी के बाग़ से
मेहँदी की चोरी।
अदरा की दाल भरी पूरियाँ
सावनी पूजा की खीर।
हँसता बचपन
खिलता यौवन।
बूँदों की झालर से

सजते ये सपने।
राहों पे हँस-हँस के
मिलते वे अपने।
बूढ़े पीपल पर
सजते जवानी के झूले।
आसमां तक लरजती
मनमीत की पेंगें।
ला सको तो
यह थोड़ा कुछ
लेते आओ।
हो सके तो
लेते आओ
छतरी भर जीवन
और बरसाती भर
उमंगें।
हो सके तो
लेते आओ
बूँद भर बचपन
और बादल भर यौवन

समय-नदी के उस पार

समय के नदी-तट पर
बाँध दी है मैंने
अपनी ख़्वाहिशों की
नाव
कि कभी तो
दुनिया से ऊबकर
तुम्हारा मन
इस ओर लौटेगा,
तब अपनी ख़्वाहिशों
की नाव में
बिठा कर
ले जाऊँगी
तुम्हें
समय-नदी के उस पार।
वहाँ न तो
समय होगा
और न 'मैं' होऊँगी
और न 'तुम' होगे
जहाँ 'न' होने से
हो जाएगा
सब कुछ पार

प्रेम का भाग्य

तुम इशारा
हो मेरी ज़िन्दगी
में उसके होने का।
तुम्हें सुनते हुए
उसे ही सुनती हूँ।
जब कुछ
कह रही होती हूँ, तुमसे
तो दरअसल
उससे ही कह
रही होती हूँ।
जब रातों को
अचानक ही, धड़कते दिल से
तुम्हारी याद में
जाग जाती हूँ और
तुम अपनी ही दुनिया
में मगन
सो रहे होते हो।
तब वही मेरे
पास आकर
मुझसे दो बातें
कर जाता है।
तब सोचती हूँ
उसे चुनकर तुम्हें
चुना है मैंने
या तुम्हें चुनकर उसे!
लेकिन इन दिनों

रह नहीं गया फ़र्क़
तुम दोनों के वजूद में।
तुम्हें याद करती हूँ
तो वो चला आता है
उसे याद करती हूँ
तो, तुम सामने होते हो।
और जिस रोज़
'मैं', 'तुम' और वो
रंग-पानी हो जाएँगे
उस दिन प्रेम
के भाग्य जाग जाएँगे।

उम्मीद

किसी उम्मीद
का ना होना
ही
सबसे बड़ी
उम्मीद है—
कि
धरती की प्यास
और बादल की
आस
के बीच जो
रिश्ता पल रहा,
उसे प्यार नहीं
भी कहूँ,
तब भी वह
है प्रेम ही।
दूब को रौंदने वाले
क़दम
यह नहीं जानते—
कि क़दम चाहे
कितने भी शक्तिशाली हों :
हरियाली कभी
रौंदी नहीं जा सकती।
और हरियाली और कविता
का रिश्ता

सनातन है,
उतना ही
जितना मेरा
मुझसे।

आँखें

तुम्हारी आँखों
ने कुछ कहना
तो चाहा था मुझसे
पर तुमने उन्हें ऐसे
झिरका कि
वे झाँकने लगीं
अग़ल-बग़ल।
वे हर ओर देखती रहीं
पर कर नहीं सकी हिम्मत
मुझसे नज़रें मिलाने की।
मेरे जोगी!
तुम्हें डर है
कि तुम्हारी आँखें
कहीं
कर ना दें चुगली
तुम्हारे हृदय की।
कहीं कह न दें
कामना की वह कथा
जो लिखी जा रही
सदियों से समिधा
बनी देह पर।
मेरे जोगी!
क्यों डरते हो
इनसे—
मेरी आँखें
भोग का

समन्दर नहीं
जिसके खारे पानी से
बेस्वाद हो जाएगा
तुम्हारा जोग।
मेरी आँखें
वैतरणी का वो
आख़िरी किनारा है
जहाँ से शुरू
होती है यात्रा अनंत की।

पिता के जन्मदिन पर

आज के दिन
सभी आपके लिए
कुछ न कुछ
उपहार लेकर आए हैं।
कोई लाया गीत चूनर की
तो कोई कविता।
किसी ने पहनाएँ
फूलों के सुगन्धित हार
तो किसी ने भरी
आपकी झोली में
दुआएँ हज़ार।
पर मैं आपकी
प्रथम सन्तान
आपके लिए
लेकर आई हूँ,
एक संकल्प
एक चेतना—
कि जिस आग को
भीतर भरकर
आपने कभी की थी
प्रारम्भ अपनी यात्रा,
जिन आतिशी रास्तों पर
चलते रहे हैं
आज तक आप,

उन्हीं राहों पर
ताउम्र चलने का
संकल्प वरण
कर रही हूँ मैं।

न मेरा 'मैं' होगा

यह दर्द भी है ज़रूरी
जीने के लिए।
ये आँसू थोड़े ही हैं,
सैलाब हैं
जिनमें बहते-बहते
छूट जाना है—
अहम् का खर-पतवार।
और इस सैलाब के बहाव में
जीवन में जो कुछ भी
रह गया शेष
चाहे प्यार के नाम पर
चाहे व्यापार के नाम पर,
सबके बह जाने पर
ही तो, जो रह जाएगा शेष
वही होगा अशेष
तब वहाँ
न तो मेरा 'मैं' होगा
न ही तुम्हारा 'तू' होगा।
तब तो 'मैं' भी 'तू' होगा
'तू' भी 'मैं'

आसमान

आसमान
जब-जब
तुम बादल से
भर जाते हो,
मेरे दिल को
बहुत भाते हो।
पल-पल
नए रूप...
नए रंग...
अपनाते हो
तब
मेरे दिल को
बहुत भाते हो।
कभी इस पार—
कभी उस पार—
हाथ पकड़
ले जाते हो,
तब
मेरे दिल को
बहुत भाते हो।
जब
हथेलियों पर चढ़ कर,
भीतर उतर जाते हो,
मुझको

अनंत बना जाते हो
तब
तुम्हीं
मेरा दिल
बन जाते हो।

हम स्त्रियों को

यदि इस दुनिया को
होना है सुन्दर और सुन्दर
खिलती रहनी है
दूधिया चाँदनी धरती पर
हर ओर
घुलते रहना है
प्रेम का गहरा रंग
तो
हम स्त्रियों को
करना होगा, स्वयं से प्यार
रोम-रोम में बसे
पुराने दर्द को
सहलाना ही होगा,
अपनी बेकरारी को
देना होगा करार—
स्वयं को अपनी ही
बाँहों में भरकर
सुननी होगी अपनी ही
भूख की आवाज़
सीखना ही होगा
अपने लिए जीना।

सन्देश

आज यह सूरज
अपने साथ क्या लाया है?
क्यों मेरे भीतर भर आई है
गरमाई?
जेठ की धूप
क्यों लगने लगी है मीठी?
धरती ने क्यों
ओढ़ा दी है धानी चुनर?
क्यों मस्त पवन
बजा रहा है, शहनाई
पीपल के पात क्यों
गुनगुना रहे हैं
कोहबर के गीत?
क्यों भेज रही है
सारी प्रकृति
प्रेम-सन्देश
कहीं ऐसा तो नहीं,
कि उसने
मुझे ही चुन लिया हो
बना लिया हो अपने
अपने प्रेम का आलम्बन!

सागर

तुमसे
पहली ही बार
हो रहा है मिलना
पर क्यों लगा कि
तुम मुझमें हो
तब से
जब से अस्तित्व में है
यह जीवन।
तुम्हारी लहरें
बाहर नहीं,
उठ रही हैं
कब से
मेरे ही भीतर।

प्यार करना

प्यार करना,
स्वयं को सजाना-सँवारना है।
कानों के लिए मधुर संगीत
आँखों के लिए,
मनोरम दृश्य सजाना है।
प्यार करना,
भीतर के इंसान को जगाना है।
प्यार करना,
हथेलियों को
दुआओं में बदलना है।
प्यार करना,
आँखों में
समभाव भरना है।
प्यार करना,
बूँद में सागर हो जाना है।
प्यार करना,
अपने भीतर एक माँ
को सिरजना है।
प्यार करना,
दुनिया के आँचल को
दूब, चावल और हल्दी से
भर देना है।

रात बरस रही है

रात बरस रही है
पर बात क्यों है
ख़ामोश?
कोंपल की मानिंद
फूट पड़ने को आतुर मन
भी है ख़ामोश क्यों?
बूँदों की लड़ियाँ
धरती को
चूमकर तोड़ रही हैं
ख़ामोशी रात की...
हम भी तो निकले
मौन की समाधि से
और
इस बरसती रात में
बह जाएँ
प्रकृति के साथ।

लौट आती हूँ

इन आँखों में
बहती है नदी
निश्छलता की।
आलोक है इनमें
निर्मलता का।
जब भी उठती हैं
नज़रें उस ओर
डूब कर उनमें
पार उतरना चाहती हूँ।
तभी ख़्याल आता है
कहीं मलिन न पड़ जाए
कामनाओं की कीच से
यह नदी।
और मैं फिर-फिर
लौट आती हूँ
उल्टे पाँव।

रहमतों की बारिश

या ख़ुदा!
तेरा जलवा भी
क्या कमाल का है!
ऊपर बैठा तू
कर रहा
रहमतों की बारिश।
और मैं, यहाँ नीचे
भीग रही हूँ—
इस बारिश में
सर से पाँव तक
और कमाल यह कि
तू यहाँ भी खड़ा है
मेरे साथ
और भीग रहा है
साथ-साथ।

दूब

देखो न!
सारा संसार
समझ की हिमपात से
ठिठुर रहा है।
कहीं भी तो
कोई संकेत
रहा नहीं शेष
जीवन का!
आओ कि
तुम अपनी नासमझी
की एक दूब उगाओ
संसार को फिर से
हरा-भरा बनाओ।

बेटी-1

छत्तीस करोड़ देवी-देवताओं
की आशीषी आभा से
है दीप्त
तुम्हारा मुख।
जब-जब देखती हो तुम
मेरी ओर
स्मित नज़रों से,
तब-तब
समस्त देवतागण
बरसा रहे होते हैं
मुझ पर अपना आलोकित
अलौकिक आशीष।

बेटी-2

धरती के हृदय में
जब भी उगती है
कोई दूब
मेरे ही कलेजे को
मिलती है ठंडक
जब किसी कली की
मंद मुस्कान
बदलती है
फूल की खिलखिलहाट में
तब मेरे ही चेहरे पर
उतरती है
उसकी सहज आभा।
सागर की लहरें
जब करती हैं
आपस में बतकही
तब मेरे भीतर भी
फूटता है कोई स्वप्न-गीत
वह जो झरना
पर्वत के सीने से
फूटता है
तो सीधे
मेरे ही अंतरतम
में उतरता है
संगीत बनकर।
और जानती हो!
यह सब होने लगा है

तभी से, जब से
रम्या! तुम आई हो
मेरे जीवन में।

बेटी-3

आसमान की रंगत
बदली-बदली सी।
नज़र आती है
जाने क्यों
जगमगाते
सलमा-सितारों से लैस
अपनी नीली पोशाक पहन
हर वक़्त वह
रहता है सजा-सँवरा
जैसे कि पल-पल
हर पल हो
कोई उत्सव।
और तो और शब्दों की नियति भी
गई है बदल।
काले धब्बों के संताप से मुक्त हो
अब ये बन गए हैं
सुनहरे, चमकीले स्वप्निल रंग।
भाषा भी कहाँ पीछे रहने वाली थी,
उसने अपने को ढक लिया है
'प्रीतनामी' चादर से
और किताबों ने भी
ठान ली है ज़िद
उसे तो बनना है बस
कोई
कविता

कोई
सुरीली तान
और जानती हो!
यह सब होने लगा है
तभी से
जब से
रम्या! तुम आई हो
मेरे जीवन में।

बेटी-4

तुम क्या आई!
धरती की सारी
ख़ुशियों ने
मेरे ही घर में
बना लिया है
अपना भी घर।
देखो न!
उस रोज़ तुम
अपने नन्हे हाथों से
महज़ एक फूल ही तो लाई
मेरे लिए
लेकिन तभी से
घर की सारी दीवारें
बन गई हैं
सुन्दर-सजीले-मधुरगन्ध
फूलों की क्यारियाँ।
जब भी तुम
उनमें से
अपना प्रिय बैगनी फूल
तोड़कर
अपने हाथों से लगाती हो
मेरे बालों में
एक बार फिर
भर जाती हूँ मैं
आकंठ जीवन-रस से

बेटी-5

तुम्हारे आने के सुमधुर
पल को बीते
ज़्यादा दिन तो नहीं हुए हैं
महज़ साढ़े तीन साल
लेकिन,
रसोई अब तक मना रही है
तुम्हारा जन्मोत्सव
बर्तनों ने अपना
चिर-परिचित झगड़ा
भुला कर
कोलाहल को
बदल दिया है
तार सप्तक में।
चाहे कुछ भी पकाओ
सारे पकवान
बदल जाते हैं
छप्पन भोग में
और तो और
वहाँ अब भोजन के साथ
पकने लगी है
एक प्रार्थना भी—
"हे ईश्वर!
हर माँ के हर बच्चे को मिले
हँसी-ख़ुशी
और भोजन।"

बेटी-6

तुमसे पहले
जीवन क्या था!
एक ऐसी
सफ़ेद-स्याह पत्रिका
जिसमें
विषय-सूची का तो
कोई पृष्ठ ही नहीं था।
नहीं पता था
कहाँ छपा है लेख
कहाँ जमी है कविता
व्यंग्य का ठिकाना मिलना भी
मुश्किल ही था
और किसी को
यही कहाँ पता था
कि इस पत्रिका
में छपा है क्या-कुछ।
अक्सर
कविता व्यंग्य से
लेख रपट से
रपट संस्मरण से
संस्मरण ख़बरों से
लड़ पड़ते थे
कि हमें यहाँ नहीं
वहाँ छपना है।
पत्रिका क्या
वह कोलाहल का

महासंग्राम थी।
लेकिन
अब जबकि
तुम आ गई हो
सब कुछ गया है बदल
चाहो तो
तुम लगा सकती हो
अनुमान
मेरे चेहरे के पृष्ठ से।

चलो कुछ करें...

चलो कुछ करें कि
हो जाए यह दुनिया
पहले से
थोड़ा और सुन्दर।
उतार लें
फूलों की कोमलता
अपने भीतर
और बना लें ख़ुद को
थोड़ा और स्निग्ध
थोड़ा और सुगन्धित।
कर लें किसी
क्रूर हत्यारे से प्यार
जगा दें
उसके भीतर का
इंसान।
नीम के पत्तों पर
लिखें
प्यार के ख़त।
यूँ ही राह में
मिलने वाले किसी
अनचीन्हे, अनजाने को
देखकर
मुस्कुराएँ ऐसे
जैसे जन्मों की हो
पहचान।
वह मासूम जो

न आ सकी
माँ की कोख से
बाहर कभी
उसके बारे में सोच कर
रो लें ज़ार-ज़ार।
जो देता हो निरन्तर
उपेक्षा और तिरस्कार
उसे भी दें प्यार।
ख़ूब प्यार।
अपने दामन का
करें इतना विस्तार कि
समा जाए उसमें सारा संसार।

जानती हूँ मैं

जानती हूँ मैं कि
तुम इस दुनिया में
नहीं आए हो
मेरे लिए।
किसी बड़े सपने के लिए
यहाँ टिके हैं
तुम्हारे पैर।
फिर भी सोचना चाहती
हूँ मैं कि
तुम यहाँ हो
मेरे लिए ही।
कभी-कभी तो
मन चाहता ही है
छोटे सपने देखना।

यों ही तो नहीं...

यों ही तो नहीं
हुआ होगा
मिलना हमारा-तुम्हारा।
उसकी मर्ज़ी भी तो
शामिल है इसमें।
जब रचा था उसने
यह संसार
जब गूँजा था
प्रारम्भ में
सृष्टि का चिरन्तन गीत
तभी कर दिया था
उसने तय
कि समय के इस कमल-पात पर
सृष्टि के चिरन्तन
संगीत में
साथ-साथ जोड़ना है,
हमें
प्रेम का एक अंतरा
और सौन्दर्य की एक टेक।

नववर्ष

कुछ ही घंटों में बीत जाएगा
एक और साल
हम करेंगे विदा
इस बेरहम साल को।
होंठों पर होगी मुस्कुराहट
और हृदय में हज़ारों अरमान।
नई उमंगों के साथ
रहता है इन्तज़ार
हमें नए साल का
कि होगी पूरी कोई उम्मीद
लेकिन जीवन में जुड़ता
हर एक साल
दे जाता है फिर वही
कड़वाहट
वही अवसाद के अनुभव।
फिर भी जाने क्यों
रहता है
इन्तज़ार नए साल का
एक-एक दिन
लोग हो रहे हैं
एक-दूसरे से
दूर, बहुत दूर
दिलों में उतर रहा है ज़हर
गहरे, बहुत गहरे।
ख़ुशी जैसी कोई चीज़
गई है छूट बहुत पीछे।

फिर भी जाने क्यों
खोजते हैं, वही ख़ुशी
आनेवाले नए वर्ष में।
जबकि बीते दिनों की तस्वीर
नए कैलेंडर में कभी नहीं होती
कहीं नहीं होती।

सरसों के फूल

देखो न
कब से कोई
झूम-झूम
हवाओं को चूम-चूम
मुझे बुला रहा है
मुझसे गलबहियाँ
करने को तड़फड़ा रहा है
लेकिन मैं
उसकी सदा से बेख़बर
अँधेरे चुनती रही
आज देखो न...
संयोग से ही सही
उसे देखा
और देखती ही रह गई
धरती को ईश्वर का
सुन्दरतम उपहार
ये सरसों के फूल जो न होते
तो कहाँ होता
बसंत का मौसम
कैसे खिलते मन के फूल
बीती सब बातें भूल।

बिन पते की चिट्ठियाँ

मेरी कविताएँ
कविताएँ नहीं हैं,
बिन पते की चिट्ठियाँ हैं ये
जो पहुँचना चाहती हैं
हर उस व्यक्ति के पास
जिन्हें कोई पत्र
नहीं लिखता।
जिनका कोई अपना नहीं
जिनका पता भी
किसी की डायरी में
शुमार नहीं।
फिर भी उन्हें
रहता है इन्तज़ार
ख़ाकी वर्दी वाले डाकिए का
जिनसे होती हैं बँधी
उनकी आशाएँ
मेरी कविताएँ
उन्हें ही बाँटना चाहती हैं
प्यार-दुलार
उन्हें ही देना चाहती हैं
अपनापन का उपहार।

कविता अभी जीवित है

आज के कठिन समय में
जब सूरज का तेज़,
हज़ारों प्रकाश वर्ष में
फैले विस्तृत अँधेरे में
डूबता जा रहा है।
ओजोन छतरी को
वातानुकूलित करनेवाले रसायन
तेज़ी से निगलते जा रहे हैं
फूल सुगन्ध के बजाय
अमोनिया की तीक्ष्ण गन्ध
फैला रहे हैं।
पेड़ों पर
फलों के बदले
गोला-बारूद लग रहे हैं—
सूखी धरती सोना नहीं
बारूदी आग उगल रही है
आस्था सहमी, दुबकी
जेल की सीलन भरी कोठरी
में कर दी गई क़ैद।
पहरे के लिए
जेल के दरवाज़े पर
बिठा दिए गए हैं,
अविश्वास के महिषासुर।
इतना सब हो जाने के बाद भी
साँसें अब भी चल रही हैं,
हम अब भी जी पा रहे हैं,

धड़कनें भी धुन छेड़ रही हैं।
क्या कविता अभी ज़िन्दा है!
अपने समय की त्रासदी को
ख़ुद में समेटे
आस्था को बचाए रखने की
आख़िरी कोशिश में
अब भी कविता जाग रही है
और जब तक है
जीवित, जागती कविता
जीवित रहेगी आस्था
पनपता रहेगा जीवन।

तुम क्या हो!

तुम क्या हो!
अनंतता का अहसास
कराता आसमान
या अपने होने की अतल
गहराई को मापने
वाला सागर
या फिर
हर अँधेरे के ख़िलाफ़
प्रचंडता का बिगुल
बजाने वाला सूरज
या फिर मेरी कोमल
भावनाओं को लेकर
उड़न छू हो जानेवाली
तितली!
कहीं ऐसा तो नहीं कि
मेरे हिस्से में आए 'ईश्वर' हो तुम
जिसे लड़ना सिखाना
है मुझे
अपनी हर कमज़ोरी से
या फिर मेरी ममता को
आवाज़ देनेवाले मासूम शिशु
हो तुम!
या फिर मेरे गाँव
का वह विशाल पीपल हो
जिस पर लगे झूले पर
अब भी पेंगें भर रहा है

मेरा बचपन!
चाहे जो हो तुम
अब तो शामिल हो मेरे
अस्तित्व में।
मेरे अंतर्मन की गूँज!
तुम्हें मेरे साथ निकल पड़ना है
इक रोज़ कभी न
होनेवाली ख़त्म अंतर्यात्रा पर
जिसके पार जाएँगे हम विलीन
अनंतता की गोद में।

सहज अपनापा

न तो
तुम्हारा कोई
ख़त ही आया।
और न ही मिला
कोई सन्देश।
फिर भी
न जाने कैसे
मैंने पढ़ लिया
तुम्हारे मन का भेद।
तो क्या यह
कोई करिश्मा है!
या कि
प्यार की जादूगरी है!
यदि इनमें से
कुछ भी नहीं
तो...
सम्भवतः यह
परम सौन्दर्य की खोज
में निकले
दो सहयात्रियों का
सहज अपनापा हो।

इबादत

उसकी बातों
की झलक
तुझमें है,
इसलिए तू मुझे
बहुत ही प्यारा है।
तेरे होने से
उसकी इबादत
में नया रंग
आ जाता है,
इसलिए तू
मुझे प्यारा है।
तुझे सोच कर
उसे सोचना पड़ता नहीं।
तुझे देख कर
उसे देखना
पड़ता नहीं।
ये जो तेरे लिए
मोहब्बत है, मेरी
उसी की
इबादत है।

सन्देश-2

तुम नहीं
भेजोगे कोई
सन्देश
और न ही पूछना
चाहोगे ख़ैरियत।
पर कभी
आसमान के आईने में
झलकते चाँद को
मेरे नाम से
पुकारोगे।
तो कभी
आईने के सामने खड़ा होकर
ख़ुद को देखोगे
मेरी नज़रों से।
रंगों से बातें करते हुए
सोचोगे कि
किस रंग का
लहजा
मेरी बातों जैसा है,
शोख और चंचल।
जब शाम
शब की
आगोश में
सो जाने को होगा
आतुर
तब तुम

किसी पहाड़ी को
समझ मेरी
नर्म गोद
रख दोगे, उस पर
हौले से अपना सर।
अपने होने में
मेरे होने को
महसूस करने के
लिए तुम करोगे
बहुत कुछ,
पर लिखोगे नहीं
कोई ख़त मुझे
ना ही भेजोगे
कोई सन्देश।

पेड़ का मौन

मौसम ने कहा
पेड़ से कि
बहार के दिन हैं
इक़रार के दिन हैं
फिर ये उदासी कैसी?
पेड़ कुछ
कह न सका
उसकी यादों में
बीते मौसम का वो
घोंसला था
उसके कानों में
अब भी घोंसले में बैठी
चिड़िया का
तारसप्तक बज रहा था।
बस पेड़ की डालियों
से हरी पत्तियाँ
झरती रहीं...

उर्वर हरीतिमा की तलाश में

आसमान से पूछे बग़ैर ही
धरती देती रही उसे
अपनी हरीतिमा
उसे लगता रहा कि
अनंतकाल से अपने
नीलेपन में लिपटा
आसमान
उकता गया होगा
अपने बंजर नीलेपन से।
और उसे अब चाहिए
धरती का उर्वर
धरतीपन।
पर धरती भूल गई कि
आसमान का स्वभाव
उसका बंजर नीलापन ही है।
इस भूलने से
वो कर बैठी भूल और
आसमान को अपना
धरतीपन देते-देते
वह खो बैठी
अपनी उर्वर हरीतिमा।
आसमान अपने
नीलेपन में अब भी
जगमग है।
धरती अब भी
भटक रही है

गाँव-गाँव, गली-गली
अपनी उर्वर हरीतिमा
की तलाश में।

फगुआ पवन

फागुनी दिन हैं
चैत की रातें
तुमसे करनी हैं
कितनी ही बातें।

चलते-चलते क़दम
थम से जाते हैं
अचानक सामने
तुमको पाते हैं।

पलाश से सपने
उधार लेते हैं
तुम्हारी आँखों को
उपहार देते हैं।

बुरांस की कलियाँ
मन में खिलती हैं
आजकल परियाँ
यूँ ही मिलती हैं।

तेरे रंग-रूप का
पलकों में मेला है
फिर भी मन मेरा
कितना अकेला है।

रंग और अबीर से
फगुआ पवन
बहका है।
सबके मन में
कोई सपना महका है।

अलविदा

किसी मन्दिर की
मूरत में क़ैद
ईश्वर नहीं हो तुम!
न ही किसी मस्जिद
की अजान हो तुम!
गुरुद्वारे की सबद-सेवा
भी नहीं तुम!
ना ही आकाश का
अनंत विस्तार ही
हो तुम!
सूरज का उजास भी नहीं
ना ही चाँदनी की
प्यास हो तुम।
तुम
हाड़-मांस का
एक पुतला हो
कभी अपनी कमज़ोरियों से
लड़ता, कभी उन्हें
कई-कई नकाबों में छुपाता।
लेकिन मुझे तुम्हारे इस रूप से
इनकार नहीं।
एतबार है
तुम्हारी सम्भावनाओं पर
कि किसी दिन तुम
सारे नकाब उतार कर
कर सकोगे अपनी

हर कमज़ोरी का सामना।
हासिल कर सकोगे
अपने भीतर के ख़ुदा को।
और उसी दिन तुम्हें
मिलूँगी मैं
तुम्हारे हृदय में
तुम मिलोगे मुझे
मेरे हृदय में।
कि तब तक के लिए
बेहतर है कि
हम कह दें एक-दूसरे से
अलविदा!

एक और उम्मीद

क्या हुआ जो
आज सच सारा
नहीं तुम्हारे पास
जानती हूँ मैं
कल
तुम झूठ के अपने
सारे लिबास
धरती की आख़िरी छोर
पर आओगे छोड़
जहाँ से
उसकी वापसी का
कोई रास्ता होगा
नहीं शेष।
तब
झूठ की अनुपस्थिति में
अँकुराएगा सच का बीज
तुम्हारे भीतर
और बनेगा
विशाल वट वृक्ष

राबिया का ख़त

तुम्हारा मौन मेरी सामर्थ्य है
वह भर रहा है मुझमें
अदम्य साहस
रच रहा है, मेरे भीतर
एक ऐसी स्त्री, जो लिख रही है
प्रेम की निराली कथा
प्रेम की इस निराली कहानी में
मिल रही है
मजनू से लैला।
शीरी से फ़रहाद मिलकर
गा रहे हैं, कबीर के सबद
नल-दमयंती के प्रेम से अभिभूत
मौलाना रूमी रच रहे हैं
अपना कलाम।
राबिया भी कल रात
मेरे सिरहाने छोड़ गई एक ख़त
जिसमें लिखा है—"तू तो मेरी जुड़वाँ है
तुझसे क्या छिपाना
एक रोज़ ऐसा भी आएगा
जब उड़ जाएँगे
सारे भेद-भरम
रह नहीं जाएगा
कहीं कोई फ़र्क़
इश्क़-हक़ीक़ी और इश्क़ मज़ाजी में कि
जैसे ललद्यद ने 'हर में हर को पाया'।"
मेरी इस प्रेम कहानी में

तुम सब में घुल रहे हो
और सब घुल रहे हैं, तुममें।
सच यही है कि
तुम्हारे प्रेम में
मेरा अस्तित्व बन गया है
अनंत आसमान
और पर्वत बन
अपलक निहार रहे हो तुम
मेरी यह अनंतता।

मुझ तक आते-आते

हवा को तुमने
अपनी साँसों
की सुगन्ध दी।
घटाओं को
अपने नयनों की
तरलता।
बचपन को
अपनी सरलता
और साधु को
अपनी
सहजता।
मुझ तक आते-आते
तुम्हारी झोली क्यों
हो गई ख़ाली?

एकनिष्ठ प्रेम

यह मेरा सार्वजनिक स्वीकार है
कि मैंने तुम्हें प्यार
करते हुए
केवल तुम्हें ही नहीं,
सबको प्यार किया।
और सबको प्यार करते हुए
तुम्हें।
मैं बन न सकी
कभी एकनिष्ठ
प्रेमिका।
तुम्हारे प्यार में
केवल तुम तक ही रहती
तो वो प्यार नहीं,
कुछ और ही होता
जिस प्यार में
जगत का विस्तार नहीं
वह मोह है, या कुछ
और
इसका मुझे ज्ञान नहीं।
पर इतना तो
मुझको भी है भान कि
वो प्यार नहीं।
लेकिन मुझे इस बात की
नहीं कोई ग्लानि
कि मैं बन न सकी
एकनिष्ठ प्रेमिका

बल्कि है गर्व
कि
भीतर है प्यार का ऐसा
गहरा समन्दर कि
तुम्हें टूट कर प्यार करते हुए भी
सबके लिए कभी
कम नहीं पड़ता मेरा प्यार
और
सबको करते हुए भी
कभी तुम्हारे लिए
कम नहीं हुआ मेरा प्यार
बल्कि ज़्यादा ही रहा हमेशा
इतना ज़्यादा कि
तुम सह न सके।
तुम्हीं से पूछती हूँ कि
प्यार क्या सहने की चीज़ है!
या फिर होता है उसमें,
केवल बह जाना!

बलात्कार

चारों ओर गूँज रहा है
बलात्कार का शोर।
शोर जिसके ज़ोर से
दिमाग़ की नसें फटने सी लगी हैं
सो जो लिख रही मैं
वो कोई कविता नहीं
इसका मेरी रचनात्मकता से
नहीं कोई लेना-देना।
ये मेरा आक्रोश भी नहीं
कि मुर्दों के देश में
यदि ग़ुस्से से आँखें
लाल हो भी जाएँ
मेरी मुट्ठियाँ भिंच भी जाएँ
इन्कलाब की चीख़ निकले भी
तो किसे फ़र्क़ पड़ता है!
मुर्दे तो मुर्दे ही होते हैं
उन्हें प्यार से या नफ़रत से
कैसे भी बदला नहीं जा सकता।
इसलिए स्त्री! तुम भी लाश बन
जीना सीख लो
इन मुर्दों के शरीर के बोझ तले
दबना सीख लो।
इनकी दुर्गंध को सहना सीख लो
कि ये बलात्कारी मुर्दे हर जगह फैले हैं—

हर वेश में फैले हैं—वो
तुम्हारी देह का कचूमर बना देते हैं।
तुम्हारी देह पर पड़े नीले निशान
मन से कभी नहीं मिट पाते।
और मन का भी तो होता रहता है
बार-बार बलात्कार।
उस बलात्कार के विरोध में सड़क पर
कोई जुलूस नहीं निकलता
और यदि कभी मन के
बलात्कार के लिए निकले भी
सड़क पर जुलूस तो
सबसे तेज़ आवाज़ में
नारे लगा रहे होंगे
ये मन के बलात्कारी।
कभी हमदर्द, कभी दोस्त बन कर
तुम्हारी रूह को नोच रहे होंगे।
देह और मन की इस नोच-खसोट
में इससे पहले कि
तुम भी हो जाओ मुर्दा
एक दिन हिम्मत कर
कमर कस कर उठा लो
झाड़ू और पूरी ताक़त के साथ
बुहार कर फेंक दो
इन मुर्दों को धरती के आख़िरी कोने से
और करते समय सफ़ाई
क़तई नहीं सोचना कि ये
बढ़िया वाला मुर्दा है या कि
मेरा वाला मुर्दा है।
मुर्दा तो मुर्दा होता है
वो अपना या पराया नहीं होता
अच्छा या बुरा नहीं होता।
ख़ाक हो जाना ही
उसकी तकदीर है।
यदि मुर्दा सिर उठाने लगे तो

दुनिया मरघट बन जाती है।
सो दुनिया को
मरघट होने से
तुम ही बचा सकती हो स्त्री!
सो उठाओ झाड़ू और हो जाओ शुरू।

प्रलय का इन्तज़ार है!

भाव के
उसी पुराने संसार से
नया कुछ
उगाया नहीं जा सकता
भीतर घटित होना होगा
एक प्रलय,
जिसमें
हो जाए समूल नष्ट
भाव का यह अधकचरा संसार
पुराने सपने, पुरानी उम्मीदें
पुराने दुख, पुराने दर्द,
मिट जाए
नामोनिशान इनका।
इनके मिटने में
छुपा है
भीतर नई सृष्टि
का अंकुर।
मुझे उस प्रलय का
इन्तज़ार है।

प्रतीक्षा

तुम्हारी प्रतीक्षा में
धरती का धीरज
कम पड़ रहा है
सूरज का साहस भी
मन्द हो रहा है।
तुम्हारी प्रतीक्षा में
रगो का रक्त
सूख रहा है,
धड़कन की सरगम
मद्धम हो
चली है
चले आओ कि
यह ज़िन्दगी की
आख़िरी गली है।

मिलन का गीत

इस तरह तुमसे
मोहब्बत कर लिया
कभी तुमसे
अपना ही
पता पूछ लिया।
कभी
तुम्हारे नाम का
ख़त
अपने पते पर
भेज दिया।
कभी आईने में
तुम्हें देख लिया।
कभी ख़ुद को
तुम्हारे नाम से
पुकार लिया।
कभी पत्तियों को
तुम्हारी उँगलियों की
तरह छुआ।
कभी साँसों को तेरी,
फूलों में क़ैद कर लिया।
कभी उदासी की
चादर पर
तेरी यादों के
सलमा-सितारे टाँके

कभी मौन के
धागे से
मिलन का गीत
बुन लिया।

रूहेला रे!

तुम्हारे होने का जादू
तब से बोल रहा है
जब से न ये ज़मीं थी
न आसमां ही था।
न तुम थे
न मैं थी।
मैं और तुम दोनों
उसकी दोनों आँखों में
स्वप्न बन तैर रहे थे।
वो अलबेला अपरम्पार
अपनी साँसों से हमें सिरज
रहा था...
फिर उसने अपने नैनों के नूर से
हमें देकर अपना रंग-रूप
जुदा कर दिया था
ख़ुद से।
और विदा कर दिया था
इस संसार के लिए।
वो भी चाहता था
विरह का दुख झेलना
उसकी आग में तपना
उसे भी हो चला था,
शायद अहंकार
सृष्टि के सृजन का।
उसे भी विरह की आग में तपकर
होना था निष्कलुष।

उसके विरह के दिन पूरे हुए
वो अब—हो रहा व्याकुल
हमारे मिलन को!
उसने एक बनाकर हमारे दो टुकड़े
कर दिए थे
उससे पुनर्मिलन के लिए
हमें भी होना था, निष्पाप, निष्कलुष
एक-दूसरे के विरह की आग में जलकर।

इस धरती पर आकर
हमने किए थे पाप कई...
एक दूसरे के विस्मरण का पाप
उसकी स्मृति से अनभिज्ञता का पाप।
उसे भूलकर और
एक दूसरे को इस संसार में
खोकर
न जाने कब से भटक रहे हैं हम!
दोहरे विरह की आग में जल रहे हैं हम
इसकी ज्वाला में जलकर
निष्पाप हो रहे हैं हम।

लेकिन इस भटकन में भी
तुम्हारे होने का जादू
मेरा श्रृंगार करता रहा
मुझे प्यार करता रहा!
तुम्हारा प्यार मुझे
नित-नित नूतन करता रहा है
मुझे उसकी दुल्हन बनाकर
मेरा श्रृंगार करता रहा!

अब वो घड़ी आ गई है,
जब हमें एक होकर
फिर उसके द्वार पहुँच जाना है
वो जो अनंतकाल से

दरवाज़े पे खड़ा है
हमारी प्रतीक्षा में
हमारा साहिब!
हमारा सिरजनहार!

दरवाज़ा

इस मुश्किल वक़्त में
हर किसी ने कर लिया है
अपने दरवाज़े का क़द
बहुत ही छोटा।
जिसके भीतर
मुकम्मल इंसान होकर
प्रवेश कर पाना
मुश्किल ही नहीं
नामुमकिन हो चला है, इन दिनों।
मैंने निर्भीकता को बनाया है
अपना ईमान।
निर्भीकता तो आती है
विश्वास से।
ये विश्वास जन्म लेता है
आत्मविश्वास की कोख से।
मेरे आत्मविश्वास—ने बुनी है
मेरे भीतर एक चटाई।
इस चटाई को उड़न तश्तरी बना
मैं उड़ती हूँ आसमान में।
आसमान जो अपनी एक मुट्ठी अनंतता
एक दिन रख गया था
मेरे बटुए में।
अनंतता ने मेरे हृदय को बना दिया है
करुणा का महासागर
जहाँ हर किसी के लिए स्वीकार है
प्यार है

क्षमाशीलता और शान्ति—
मेरी दो सहेलियाँ,
दोनों सहेलियों ने
मेरे घर के दरवाज़े को
कुछ इस तरह से
कर दिया है री-डिज़ाइन कि
यह हर किसी को लगने लगा है
अपने ही घर का दरवाज़ा।
इस दरवाज़े पर लिखी है
एक इबारत—जो हर भाषा में
जा सकती है पढ़ी।

हाजी अली की वो शाम...

रोज़ साँझ को जब आसपास के
पेड़ों पर लौटने लगती है
चिड़िया
तो आता है ख़याल कि
मेरी डायरी के पन्नों के
बीच जो एक गुलाब की
पंखुरी बैठी है उदास
जो हाजी अली की उस शाम
दरगाह के प्रसाद के साथ
किसी ने रख दिया था मेरी हथेली पर ऐसे,
जैसे वो महज़ गुलाब की पंखुरी न हो
किसी के जीवन भर का तप हो
हर मन्दिर, मस्जिद, दरगाह पर
माँगी गई सारी दुआएँ
थीं उसमें।
उन दुआओं को एक
पोटली में सहेज कर रख लिया था मैंने।
रोज़ सुबह उसी पोटली से
निकालती हूँ एक दुआ
और हाथ उठा कर पढ़ती हूँ उसे
सृष्टि की सलामती में।
जानती हूँ सृष्टि को कहाँ
है दरकार मनुष्य के प्रार्थना की।
लेकिन उसकी दुआ
सृष्टि से कम के लिए तो है नहीं!

प्रेम की भाषा

डायरी के पन्नों के बीच
लेकिन ऊबड़-खाबड़ लिखावट
में लिपटा एक पृष्ठ
मेरे स्वप्न से थोड़ा मज़बूत—
याद दिलाता है, हर शाम कि
प्रेम की कोई भाषा नहीं होती,
लेकिन भाषा तो मुहताज होती है
प्रेम की।
प्रेम के बिना कहाँ खिल पाती है
कोई भाषा!
ललद्यद के प्रेम से, केसर सी
केसरिया हो गई थी कश्मीरी भाषा
जिसकी ख़ुशबू भले ही आज
रक्तरंजित राजनीति की गन्ध में
दब गई है
लेकिन घाटी के पास उम्मीद का चिनार
अभी ज़िन्दा है कि
जब तक 'ललद्यद माँ' के वाख
अपनी कश्मीरियत के साथ
गूँजते रहेंगे वादी में
तब तक
नरक की आग में जलकर भी
उसका जन्नतपन लौटता रहेगा
बार-बार-बारम्बार।
चिड़ियों के घोंसले में लौटने वाली हर
शाम की चादर पर

सलमा सितारे सा टँका है
ललद्यद का वाख
और वाख की कोख में
छुपा है वही प्रेम
जिसकी कोई भाषा नहीं होती।
कभी उतर सको ललद्यद के भीतर
और केसर सी कश्मीरी के रंग
रंग सको तो
वहाँ मिलेगा तुम्हें
अपने मौन में मुखरित वही प्रेम
जिसे तुमने ढलते सूरज को
साक्षी मान कर
लिख दिया था उस पृष्ठ पर
ऊबड़-खाबड़ लिखावट में।

उम्मीद का एक ख़त...

उदास शामों का सिलसिला कभी तो थमेगा
कभी तो कोई ख़त आएगा
जो अच्छी ख़बर लाएगा
कि लोग इस मुसीबत की घड़ी में
बर्बरता और विवेकहीनता को
चूल्हे में जला चुके हैं
और अपनी माँ के आँजे हुए काजल से
अपनी नज़र साफ़ कर ली है।
दिल का एक कोना करुणा के
नाम कर दिया है
और दिमाग़ की एक पूरी कोठरी
लिख दी है, विवेक के नाम।
कोरोना के समय में
लग गया है बर्बरता और विवेकहीनता को
वायरस
और मनुष्यता ने पा ली है
अंतत: विजय।
माना कि ये महज़ मेरा भरम है
लेकिन इस भरम को विश्वास मानकर
ही तो जीने की शक्ति बटोरी जा सकेगी
और क्या पता ज़िद्दी उम्मीद के भीतर से
सचमुच ही अंकुरित हो
प्रेम की कोई नई पौध...

प्रार्थना

यह वक़्त न डरने का है और
न ही डराने का।
यह समय सावधानियाँ बरतने का है।
यह छोटा सा जीव जो न
निर्जीव है न सजीव ने
सारे ऊँच-नीच को
मिटा दिया है।
उसके यहाँ अब भेद नहीं
जाति-धर्म-नस्ल
और अमीर-ग़रीब का।
इस वैश्विक संकट की घड़ी में
हम मनुष्यों को
आत्मा लोचन तो करना ही चाहिए—
कि विचारधाराएँ, जाति, धर्म, दौलत
हमेशा ही नहीं तारणहार हो सकते हैं।
कुछ उम्मीद अब भी बची है तो
केवल मनुष्यता से
जिसके वशीभूत होकर
दुनिया भर के डॉक्टर
अपने प्राणों की बाजी लगाकर
बचा रहे हैं लोगों का जीवन।
कुछ उम्मीद अब भी बची है तो
प्रार्थना से।
लेकिन प्रार्थना से पहले
हमें अपने अंतरतम को
कलुष मुक्त करना होगा

उसके लिए हमें
क्षमा माँगनी होगी
इस सृष्टि से—
धरती से
आसमान से
वायु से
नदी से
चाँद सितारों से
सूरज से
समन्दर से
नदियों से
झरनों से
पहाड़ों से
जंगल से
कि उसके बाद ही हो
सकेंगे हम प्रार्थना के क़ाबिल
और अंत में प्रार्थना ही
बचा सकेगी इस धरती को।

जड़ों की ओर लौटना

मैं भी लौटती हूँ
तुम भी लौटो
अपनी जड़ों की ओर।
जड़ों की ओर लौटना
धरती की गोद हो जाना है।
जड़ों की ओर लौटना
आसमान का दुसाला बन जाना है।
जड़ों की ओर लौटना
फूलों की ख़ुशबू हो जाना है।
जड़ों की ओर लौटना
तितलियों के रंगों से सपने सजाना है।
जड़ों की ओर लौटना
अपना सारा दुख गंगा में बहा आना है।
जड़ों की ओर लौटना
चिड़ियों का दाना हो जाना है।
जड़ों की ओर लौटना
पर्वत के शिखर को
अपने धीरज से और ऊँचा करना है।
जड़ों की ओर लौटना
मौन का मुखर हो जाना है।
जड़ों की ओर लौटना
अपने को फिर से पाना है।
जड़ों की ओर लौटना
ख़ुद को लिखा प्रेम-पत्र पा जाना है।

उम्मीद का एक सितारा—शाहीन बाग़

मुल्क के हालात
सीने पर मुक्के की
चोट कर रहे हैं।
याद आते हैं सारे शहीद जिन्होंने
अपनी जान की बाज़ी लगा दी
इस मुल्क को बनाने में।
बाँटने वाले इस घोर अँधेरे समय में
अब भी उम्मीद का
एक सितारा जगमगाता है—'शाहीन बाग़'।
शाहीन बाग़ से अब भी
उम्मीद कायम है।
इस मुल्क की औरतें
बनाएँगी एक नया मुल्क
जहाँ ज़मीनों की हदें
भले ही हों।
दिलों की कोई हद न होगी।
जहाँ गुलों में रंग होंगे तो
गालों पर गुलाल भी।
क्या ही अच्छा होता कि दुनिया भर की
औरतें तब्दील हो जातीं
शाहीन बाग़ की औरतों में
और सारी दुनिया बन जाती
'शाहीन बाग़—'
हर जुल्म से टक्कर लेती
समता-समानता की नई पौध
उगाती-दुनिया।

तब 'सारे जहाँ से अच्छा
हिन्दुस्तान हमारा'..., नहीं होता
क्योंकि तब सारा जहान ही
सारे जहान से अच्छा होता।
भोर की बेला में
इस आतंकित समय में भी
साहस कर रहा दिल
ऐसे मासूम सपने देखने का
मुझे यक़ीन है कि
सृष्टि के किसी कोने में बैठा कोई
कर रहा है प्रार्थना
मेरे सपने के साकार होने की।
हाँ! वही जिसकी हँसी ईश्वर जैसी है
और चुप्पी शैतान की
याद दिलाती है।

एक क्षण

उस रोज़ न जाने क्या सूझी
आसमान को
क्योंकर इतना मेहरबान हो गया
वह मुझ पर।
अपनी सारी अनंतता झोली में भर
कर चला आया मेरे घर
और चुपके से मेरे आँचल में
पलट दी अपनी झोली।
उस क्षण के बाद से
आकाश, अनंतता और मैं!
आकाश!
अनंतता!
मैं!
बस वह एक शाश्वत क्षण...
बस वही
हमेशा से...
हमेशा ही...

ईश्वर

ईश्वर! लगता है
इन दिनों
तुम गए हो ऊब
सृष्टि के कारोबार से
तभी तो सब कुछ भूल कर
हो चले हो
मेरे संग।
मेरे साथ
लिख रहे हो कविता
गा रहे हो गीत
बात-बेबात
लगा रहे हो ठहाके
वजह-बेवजह ही
हो रहे हो ख़ुश।
ईश्वर!
मैं तुम्हारा दुख
समझती हूँ
दिव्यता का बोझ
उतार-फेंक कर
कभी, तुम्हारा मन भी
करता ही होगा कि
चन्द घड़ियाँ
छोटी ख़ुशियों की
मिले

कि धरती के
सुख-दुख में
तुम्हारा भी
कुछ हिस्सा हो।

साल का विदा होना

जैसे तय है
साल का विदा हो जाना
क्या वैसे ही सुनिश्चित हो सकेगा
साल को मिले ज़ख़्मों का
भर जाना?
क्या वो स्त्री कभी लौट पाएगी घर
जिसकी माँ अब भी कर रही है
प्रतीक्षा कि एक दिन
स्कूटी पर सवार उसकी
लाडली घर लौट आएगी।
कैसे करे माँ यक़ीन कि
उसकी बेटी किसी भेड़िए की नहीं
कुछ मर्दों की शिकार हो गई।
रात सपने में आकर
बेटी माँ से कहती है कि
'मेरी प्यारी माँ!
दुनिया की सब माँओं तक पहुँचा दो
मेरी एक अरज कि
अगर उन्हें हरी ही करनी है, अपनी कोख
तो मर्द की जगह भेड़िए जने
कि वो किसी रोज़ राह में
अकेले मिले भी गए
मार कर खा ही जाएँगे, न सीधे।
बलात्कार तो नहीं करेंगे।
भाईचारे का भाव दिखा कर
हैवानियत का बीभत्स खेल तो

नहीं खेलेंगे।'
लेकिन माँ भूल जाती है
रात का भयानक सपना।
और
प्रतिदिन सुबह-सुबह
फिल्टर कॉफ़ी बनाती है
कि इसे पीकर उसकी बेटी
आज भी निकल जाएगी
चोटिल, घायल जानवरों के
ज़ख़्म भरने के अपने काम पर।

नियति एक पेड़ की

काश कि होती
हमारी नियति
एक पेड़ की नियति
कि होती नहीं
ज़िन्दगी में
कोई शर्त...
अपने समीप आने वाले
हर किसी के लिए
होता एक सा प्यार
एक सा दुलार
एक सी छाँह
एक सी हरियाली
उम्मीदों वाली...
एक से ही फल
रसीले, मीठे और रंगीन।
बदले में होती नहीं कोई चाह
अपनी मर्ज़ी से ही सभी आते
जिसको जो भा जाता
मुझसे पा जाते...
बदले में डाल जाते
मेरी जड़ों में
एक लोटा पानी
या फिर ठिठुरती
ठंड से बचाने को
अपनी जान
काट ले जाता कोई

मेरी डाली...
कोई मेरी छाँव में बैठ
रचता गीत
कोई छेड़ देता सुरीली तान
कोई अपनी चालाकियों से
दुनिया को ठगने के
मंसूबे गढ़ता
मैं इन सब से बेख़बर
सबको स्वीकारती
एक सा
हर किसी के लिए
होता एक सा प्यार
एक सा दुलार
एक सी छाँह
एक सी हरियाली
उम्मीदों वाली...
लेकिन क्या
करूँ कि मेरी नियति नहीं
है पेड़ की
मैं पेड़ होने से
पहले की पीड़ा हूँ
मैं इंसान हूँ...

मुक्ति

किसी को करना
मुक्त
अपनी उम्मीदों से
दरअसल ज़रूरी
हो जाता
अपनी ही मुक्ति के लिए
कुछ खोने के डर से
आज़ाद होता है जो पल
बस वही पल
हाँ वही पल
होता है
स्वयं को पाने का पल...
और सच पूछे
तो आख़िर होता क्या है
यह पाना और खोना
बस 'होना' होता है
और इस 'होने' में
रह नहीं जाता भेद
'मैं' और 'तुम' का
अपने और पराए का,
आसमान और धरती का,
'होने' में तो संग एकलय
हो जाती है
समूची सृष्टि—
चाहे
ज्ञानी जो कुछ कहें

लेकिन
मैंने यह जाना है कि
इस 'पाने' और 'होने'
तक की यात्रा ही है
मनुष्य से ईश्वर होने की यात्रा'।

अभी ही तो वक़्त है

पीली फूली सरसों के खेतों में
वसंत हो जाने का
अभी ही तो वक़्त है
आकाश की अनंतता से
प्रेम सजाने का।
आओ बैठो पहलू में
चुपचाप
स्वयं के विलीन होने का
तुम में लीन होने का
संगीत सुनना चाहता है ये दिल।
अब और देर न करो कि
अब चन्द घड़ियाँ ही हैं
हमारे हिस्से में
अबकी जो चूक गए तो
ज़िन्दगी से कोई शिकायत न करना
अपना बड़प्पन अपनी झोली में डाल
जंगल-जंगल भटकते रहना।

इब्ने इंशा को याद करते हुए

चुप सी इस रात में
हवा भी ख़ामोश है, इस क़दर
मानो अँधेरे की डाँट खाकर
छोटी बच्ची की मानिंद
रोते-रोते सो गई हो!
हवा की उदासी
पात-पात पर
हर बात पर
पसर गई है।
वृक्ष सारे
समाधि में हो गए हैं लीन
रात जैसे मौन को गह रही है।
ऐसे में न जाने कहाँ से
इब्ने-इंशा क़रीब आ बैठते हैं
और
रात की तकदीर चमक उठती है।

भर जाता है उसमें अमृत-गन्ध

सुबह को सलाम करने बाहर निकली
तो क्या देखती हूँ—
बालकनी में
मन जैसा खिला है रजनीगन्धा
आख़िर कैसे खिलते होंगे ये फूल?
कहाँ से आता होगा इनमें
रस-रंग-सुगन्ध?
दिल ने कहा—
सच! जिस दिल में प्रार्थना,
मैत्री और प्रेम रह-रह कर
खिलते रहते हैं
जीवन की तमाम विसंगतियों के बाद भी
जिनके भीतर
ज़िद की खाद पर
लहलहाती रहती है
प्रेम, प्रार्थना और मैत्री की फ़सलें
उन्हें देख कर ही
रजनीगन्धा में आती है कोमलता
भर जाता है, उसमें अमृत-गन्ध।

हर जुल्म के ख़िलाफ़ सत्याग्रह—शाहीन बाग़

प्रत्येक स्त्री के दिल में
हमेशा से एक
शाहीन बाग़ बसता है
जहाँ वो सदियों से कर रही
है सत्याग्रह
सत्याग्रह हर जुल्म के ख़िलाफ़
दहलीज़ के भीतर के जुल्म
दहलीज़ के बाहर के जुल्म
भाव के समन्दर के जुल्म
सियासत के तिकड़म के जुल्म
मोहब्बत और इबादत के जुल्म
अब हर स्त्री के भीतर बसता
शाहीन बाग़ गल्ली और मुहल्ले में
उतर आया है।
हिन्दुस्तान के रगों में
बह रहा है
शाहीन बाग़
यहाँ जुल्म को जुल्म से नहीं
मोहब्बत से जीतने का
जुनून है
यही होता है
जब मोजे और टोपी बुनने वाले हाथ
उठते हैं इन्कलाब में
तो मोहब्बत का परचम लहराता है
जुल्म घुटने टेक कर
सजदे में आ जाता है।

बिथोवन का संगीत

मैं लिखना चाहती थी, उसके लिए
दुनिया की सबसे बेहतरीन
प्रेम कविता
लिखना चाहती थी, एक महा काव्य
बनाना चाहती थी, उसकी याद में
एक नहीं, हज़ारों ताजमहल।
उसके प्रेम में मैं बनाना चाहती थी
पिकासो से बेहतर कोई पेंटिंग।
बिथोवन के संगीत से भी आगे का
संगीत रचना चाहती थी।
लेकिन उसके प्रेम में मैं
इतना भर ही कर सकी कि
पहले से ज़्यादा मनुष्य हो सकी।
लोगों को बिन माँगे क्षमा का उपहार
देने लगी।
हर पराए को आलिंगन में ले
अपना बनाने लगी।
धरती, पहाड़, बादल, चिड़ियाँ, बारिश
आसमान, नदी और समन्दर हो जाना
ही सीख सकी
बस उसके प्यार में।

चाँद

सौ साल का
सबसे सुन्दर
चाँद।
और अदिलाबाद का
आसमान।
उस पर
सुन्दर दुनिया के लिए
ज़िद करते
मेरे-तेरे अरमान।

भरोसा

तुम्हारे ढुलमुले
'शायद' पर भी
मैंने कर लिया
एतबार।
और इस तरह
पृथ्वी के जूड़े में
मैंने टाँक दिया
विश्वास का
एक गुलाब।

हौसला

रोज़ उदासी की चादर
पर अपने
हौसले के
सलमा-सितारे टाँक कर
वह ज़िन्दगी का
एहतराम करती थी
और इस तरह वह
झूठ का लिबास पहन
अपना हर दिन
तमाम करती थी।

तुम्हारी ख़्वाहिश

सबके साथ होने की
तुम्हारी ख़्वाहिश—
तुम्हारे साथ होने की
मेरी तमन्ना—
कुछ हो तुम्हारी
ख़्वाहिश का
सजे मेरी भी तमन्ना
तुम्हारे साथ
होने के लिए
चलो! हम सबके
साथ हो लिए।

प्यार

कि जैसे चकमक
के कलेजे में
आग
कि जैसे
बीज के सीने में
वृक्ष
सितार के तार में
राग
वैसे ही
मेरे दिल में
तुम्हारा प्यार

ख़्वाहिश

हाथों में हाथ डाले
किसी शाम
दुनिया जहान की
बातें करते हुए
लम्बी टहल पर
निकल पड़ने की
ख़्वाहिश कितनी
छोटी है
और उसकी ख़ुशी
कितनी बड़ी।

अमर-गाथा

आसमान की दरगाह
में चमकते हैं
दुआओं के जितने
सितारे—
वे सब के सब
तुम्हारी
अँधेरी गुफा को
कर दें, ऐसे जगमग
कि जब मैं
करूँ प्रवेश
उसमें
तो बन जाऊँ मैं भी
उजालों की
एक
अमर-गाथा।

सुहानी सुबह

सूरज की नदी
मेरे हृदय के
पिघलते
शोलों से
अपना पानी
उधार लेती है,
और इस तरह
वह संसार को
एक सुहानी सुबह
सौंप देती है।

मौन

मौन का कोई
राग छेड़ो कि
शब्दों से करार
आता नहीं
दिल का दर्द
किसी मानिंद
शब्दों से
बहल पाता नहीं।

धीरज

मुझमें है, धीरज
सारे संसार का।
मुझमें है, धीरज
पत्थर से प्यार का।

प्राप्य

इतना दिया है
कि सँभाले नहीं
रहा सँभल।
इतना जिया है कि
जैसे पूरी हो गई हो
कई जन्मों की साध।
आगे न भी मिले
तब भी
कुछ कम नहीं।
निकल जाए दम
तब भी
अब कोई गम नहीं।

जो जैसा है

जो जैसा है,
वह वैसा ही
मुझे स्वीकार्य है
इसी स्वीकार्य में
संसार से
मुझे प्यार है!

तुम्हारे साथ

तुम्हारी बाँहें थाम
निकल पड़ना चाहती हूँ
मैं
पृथ्वी की यात्रा पर
और महसूस करना
चाहती हूँ
तुम्हारे ही साथ
धरती का
यह अनुपम सौन्दर्य।

तुम्हारे होने से

तुम्हारे होने से
होता है
दुआओं में असर।
तुम्हारे होने से
दिल लगता है
फिर से मुस्कराने।

प्यार नहीं कम

न कोई वादा
न क़सम।
न मिलने की ख़ुशी
न बिछड़ने का गम।
फिर भी नहीं है
प्यार कम।

फिर शुरू हुई यात्रा...

ज़माने के बाद
नज़रे उठीं
आकाश की ओर
और
असीम से जा मिला हृदय
ज़माने के बाद
क़दमों ने किया
धरती को प्यार
और बदले में
पाया
उसका दुलार
ज़माने के बाद
फिर शुरू हुई यात्रा...
सत्यम् शिवम् सुन्दरम् की

कोहरा

खिड़की की काँच पर
जमे कोहरे को
उँगलियों ने छुआ
कोहरे की नमी ने
मन को गरमाई दी
कोहरे के बीच से
नयनों ने देखा
मौसम बहार का है
किसी से हो न हो
ये समय
ख़ुद से प्यार का है

दर्द का मौसम

सूरज के उस पार
सुदूर कहीं किसी
वीरान खँडहर से
एक आहट सी
आती है...
और सहसा
मेरे सीने में दबा
कोई गीत
जाग जाता है।
फिर
बरसने लगता है
दर्द का मौसम।

दिव्य आलोक

आकाश से उतरते
दिव्य आलोक की मानिंद हो
तुम!
जिसके न होने के अहसास भर से
ही होने लगता है
मेरी सृष्टि में घोर अँधेरा

मिलन

जिसके मिलन का
स्वाद चखा ही नहीं,
उसके विरह में
इतनी आग!
यह आग ही तो
बुन रही है
ज़िन्दगी का राग।

क्षण

वैसे ही हो तुम
ज़िन्दगी में
जैसे साँसें
हर पल चलती हुई
पर क्षण भर को भी
उन साँसों का अहसास नहीं।
और जिस क्षण तुम्हारे
होने का होगा बोध
हो जाएगा
वही क्षण तो
चेतना का भी क्षण।

नदी

मेरे भीतर
बहती है,
उम्मीद की एक नदी—
और
उस नदी की
हर बूँद पर
लिखा है,
तुम्हारा नाम।

चैन नहीं

उस रोज़
रास्ते में
तुम मिले थे
या
मिला था ख़ुदा!
याद नहीं।
उस दिन के बाद
चैन नहीं
पर बेचैन भी नहीं।

पहाड़

तुम मेरे रोम-रोम
में बसे हो
पहाड़!
मैं ही तो
फैलकर
ऊपर उठकर
हो गई पहाड़
आख़िर धरती जो हूँ।

ख़ामोशी

बोल मेरे ख़ामोशी
से कुछ
कम थे।
ख़ामोशी
तेरी
सब कुछ बयाँ
कर गई।

रुख़सत

रुख़सत
तुम्हें कभी
कर न सकी।
तू गया भी
और गया भी नहीं।

रूह

तुम्हारी रूह
पर बिखरे हैं
जो दर्द के टुकड़े
वे मेरे दिल के ही
धधकते शोले हैं।

अनकहा प्रेम

नभ ने धरा से
कुछ नहीं कहा।
और न ही धरा ने नभ से कुछ कहा।
फिर भी न जाने
कितने अरब प्रकाश-वर्ष से
चल रहा है
यह अद्‌भुत प्रेम।

एक कसक

एक दर्द
एक कसक
जो सीने में
सुलग रही है
गीली लकड़ी की तरह।
कोई इसकी वजह नहीं
तन्हाई भी नहीं
जुदाई भी नहीं
फिर भी—
एक दर्द
एक कसक—

प्यास

केवल प्यास
में याद करना
उसका स्वभाव।
नदी बन
उसकी चौखट
पर उतरना
मेरा भाव।

स्मरण का गीत

स्मरण का कोई
गीत गुनगुनाओ
जिसकी धुन
हवाओं में तैरती हुई
मुझ तक पहुँचे
मैं भी संग-संग
गुनगुनाऊँ
दूर बैठे हुए भी हम
एकलय हो जाएँ।

तुम आओगे

आओ! कि मैं तुम्हें
बुलाती हूँ
अपने प्राणों की
गहराइयों में
मैं जानती हूँ
तुम आओगे!
तुम गया वक़्त नहीं
कि लौट न सको।
तुम हमेशा से
मेरा आज हो
और आज कभी होता
नहीं विगत।

कही-अनकही

करती ही रहती हूँ तुमसे
बातें कितनी
पर कभी कह
नहीं पाती बातें वे
जो सचमुच कहनी हैं
तुमसे।
बुनती रहती हूँ
जहान में नाते जितने
वो सबके सब
तुमसे ही नेह के
नाते हैं।

कहना-सहना

तुमको कहना
तुमको सहना
तुम में बहना
अब मुझको
बस
ऐसे रहना।

आकाश

आकाश हो तुम!
मुझमें
अपनी अनंतता
भरते हो।

विश्वास की गठरी

तुम जो हो, तो
है विश्वास की
एक गठरी
पास
तुम जो हो तो
नदी में बह रही
अमृत-रसधार।
तुम जो हो तो
सूरज में है
उजास
तुम्हारे होने से
आसमान को मिला
अनंत-विस्तार।

मौसम पतझड़ का

पत्तों के झड़ने का मौसम
प्रेम के उत्सव का मौसम है
जब कामनाएँ सब झड़ जाती हैं
एक-एक कर
पत्ते की शक्ल में
तब
फूट पड़ती हैं करुणा की
मृदुल कोंपलें
हृदय की धरती से
और होती है, यहीं से प्रारम्भ
यात्रा प्रेम की।

दुआ

एक दुआ जो
रोज़ तुम्हारे नाम की
मेरे दिल से उठती है
और आसमान तक
पहुँचती है—
कि वह दिन जल्दी आए
जब तू 'सत' की राह का
राही बन जाए
और तुम्हारा हृदय
धन्यवाद से भर जाए।
तेरा 'अहो भाव' मेरे भी
दिल में उतर जाए।

प्रार्थनाएँ कहाँ जाएँ

जटिल असहज इस
दुनिया में
प्रार्थनाएँ कहाँ जाएँ?
प्यार का गुनाह
करने वाले सारे तारे
आसमान से झड़ जाएँ
और
यह दुनिया खड़ी
ताली बजाए
एक कुटिल मुस्कान से
सृष्टि कुम्हला जाए।

सौ सूरज का ताप

सौ सूरज का ताप
सहती वह
अपने सारे चाँद
उसके दिल की तिजोरी में
गिरवी रख आई है।

नदी

नदी थी वह
मिठास
उसका स्वभाव था।
सागर था वह
खारा कर देना
उसका मिज़ाज था।

इत्मीनान है

सुकून है
आराम है
कि
अब कोई
इन्तज़ार नहीं।
इन्तज़ार तो है,
लेकिन
इन्तज़ार के ख़त्म
होने का
इन्तज़ार नहीं।

गुनगुनी धूप

तुम्हारी सदा की
गुनगुनी
धूप
समा गई है,
मेरे पोर-पोर में।
मन का जुकाम
हो रहा है ठीक
धीम-धीमे।

हमारे बीच

हमारे बीच
कुछ हो न हो
कम से कम
विराट दूरियों की
महाशान्ति तो है।

याद

तुम्हें मेरी याद नहीं
तो कोई बात नहीं।
ये जो सूरज है ना
वह रोज़ ही
मेरे प्यार में
बेख़ुद होकर
अपनी राह भूल जाता है
और सारी रात
भटकता-भटकता
सुबह फिर आकर
मेरी आगोश में
सर रख देता है।

बात है कोई गहरी

एक डाल पर
तोता बोले
दूजे पर गिलहरी।
दोनों की बातों में
बात है कोई गहरी

ज़िन्दगी आज सुबह!

रंग सारे
गीत सारे
मीत सारे
प्रीत सारी
उड़ा ले गया
वो निर्मोही!
मोह सारे
वीत राग हो रहे हैं।
स्वप्न सारे
शून्यलीन हो रहे हैं।
अनंतता का गीत
मौन गा रही है।
अबकी ज़िन्दगी
अलग ढंग में मुस्कुरा रही है।

साँझ

साँझ!
हर रोज़ तुम यूँ ही मुस्कुराना,
रात के लिए
मुँडेर पर
एक सपना छोड़ जाना...

मन्नत

दरगाह में बिछी चादर थी वो
मन्नतों के लिए बिछाई गई थी
वो ख़ुद किसी की मन्नत नहीं थी।

सती के वियोग में

जब शिव ने किया था तांडव
तब क्या तुमने
सुनी थी धरती के दहलने की आवाज़
यदि नहीं तो,
सुन लो मेरी धड़कनें।
उसमें शिव की वही पीड़ा है
जिससे दहल गई थी
सारी सृष्टि
उसमें वही आक्रोश है
जिससे जनमा था
शिव का तांडव
और उस तांडव से काँप उठी थी
धरा भी।

नया छंद

पुराना मन जब रचे नया छंद
तो खुल-खुल जाए उर के बंध!
जीवन हो जाए निर्बाध, निर्ग्रंथ
सहज हो जाए, हर भय का अंत
आनन्द-निर्झर बहे अनंत।